爆款文案

把文案变成"印钞机"

关健明 ◎ 著

算账
化解顾虑
使用场景
权威转嫁 稀缺机会
好友对话 认知对比 价格锚点

畅销
事实证明
意外故事
实用锦囊 惊喜优惠
新闻社论 心理锚点

北京联合出版公司
Beijing United Publishing Co.,Ltd.

图书在版编目（CIP）数据

爆款文案 / 关健明著. —— 北京：北京联合出版公司, 2017.11（2024.9重印）
ISBN 978-7-5596-1135-2

Ⅰ.①爆… Ⅱ.①关… Ⅲ.①广告–写作 Ⅳ.①F713.8

中国版本图书馆CIP数据核字（2017）第248399号

爆款文案

作　　者：关健明
总　发　行：北京时代华语国际传媒股份有限公司
责任编辑：管　文
封面设计：仙　境
版式设计：姜　楠

北京联合出版公司出版
（北京市西城区德外大街83号楼9层 100088）
三河市宏图印务有限公司印刷　新华书店经销
字数180千字　880毫米×1230毫米　1/32　8.5印张
2017年11月第1版　2024年9月第41次印刷
ISBN：978-7-5596-1135-2
定价：42.00元

版权所有，侵权必究
未经书面许可，不得以任何方式转载、复制、翻印本书部分或全部内容。
本书若有质量问题，请与本公司图书销售中心联系调换。电话：010-63783806

前　言

0.1 好文案就是印钞机

Hi~
我是这本书的作者关健明，
大家喜欢叫我"老关"！

老关请你想象一下：一篇文案，投一个大号，赚到28.3万营业额，这一切发生在24小时内——这是一种怎样的体验？

我红着眼睛，像杀红眼的恶徒，为了这篇文案，我精神紧绷了整整10天，最近18小时都在持续战斗，拼到要张着嘴大口呼吸。

而他，同样一脸严肃，眼睛全神贯注地盯着屏幕，像奥运会射击手在瞄准靶心，忘掉了这个世界的存在。

OK了吗？

发吧！

点击"发送",再点击"确定"。

他是强亚东。你是否听过"叫个鸭子"?这个烤鸭外卖品牌曾轰动全国,他正是幕后品牌策划人。他后来和朋友联合创办"没想稻"大米,从百万级资金起步,做到今天估值超过1个亿。

后来,强亚东创办了斑马精酿啤酒,他请我帮他,写微信推文卖酒。我们为什么如此紧张?因为我们刚投了个大号,广告费超过5万人民币,只是投一篇推文而已!

5万虽不多,但稍有闪失就会砸空,创业者再有钱,也是拿血汗换来的。

5.3万,6.2万,8.6万,订单疯狂增长远远超出了我们的预期……24小时内,做到28.3万!"哈哈哈哈!!!!""喔喔喔喔喔喔喔喔喔喔喔!"整个办公室的人都疯了,我们尖叫着,喊到嗓子哑,我告诉自己要冷静,但是完全控制不住!

前几天,另一个创业者投这个号赚了不少钱,开心地和我们分享经验,听到他的数据,我们羡慕地张大了嘴。

而一周后,我们做到的营业额超越他36%!

"**写好文案**"对你的意义到底是什么?买这本书,你或许只是想学一些文案技巧,读到最新的精彩案例,而你是否想过——以上情景发生在你的身上,你可以用文案卖爆一款产品,用文字完全掌控读者的情绪,甚至,你可以用文案改变一家企业,改变你的人生?

5年前，如果有人对我这样说，我会给他个白眼："你搞传销的吧！"——直到文案改变了我的人生。

5年前，我加入一家医疗企业，他们有不错的产品，但是很少推广，一个月只有30万的营业额。

我开始做调研，找卖点，把营销素材整理成体系。我写了一系列广告文案，投放在报纸、电视和网络上。月营业额增长到50万、200万……不断突破，每年增长30%以上——已连续4年，在区域市场成为数一数二的领导企业。北京、湖南、浙江的同行发现了就开始抄袭我的文案，我今天投，他们第二天就抄，也是让我哭笑不得。这家企业从最早的25人，发展到现在100多人，规模发生了巨变。

这是一段很震撼的经历，让我重新认识到：**文案的力量原来这么大！好文案真的能改变一家企业！**

说到文案，不能不提微信文案。大家常把产品软文投在微信大号上，你有没有投过？效果怎么样？很多营销人这样说——

真的是这样吗？

深圳有一家公司叫轻生活，开发了一系列卫生巾产品，2015年12月，轻生活就开始投微信大号了，花5000块投了一个号，涨了11个粉，其他啥也没有，他们非常失望。在那时，我和轻生活联合创始人张致玮先生成为朋友，他告诉我，他一直在研究怎么改进文案。

他不断反省、总结，把文案改了4遍，终于，这第5稿搞出了奇迹。2016年5月，他在文艺大号"书单"投放推文，讲一个大男孩为了女友创业做卫生巾的故事，一举做到了10万+。这太不可思议了，当时，"书单"的干货文章阅读量才3~5万，他做到10万+，软文居然打败了干货文章！

那篇文章卖了3997单，一单78元，你用计算器算一下，可以算出来：**这篇文章赚到31.18万，相当于投1块钱广告费，赚了11块多的营业额**。而很多常投大号的营销人告诉我，说能赚回两块钱就谢天谢地了。顶尖文案和普通文案的差距就是这么大！

并不是每个写文案的人都能如此快乐。让我们直面一个残酷的现实：

如果你的文案不强，广告投出去产出低，对于企业来说，你就没有太大价值。即使你写得费尽心机，老板也不会给你升职加薪。

如果你文案很强，投1块钱广告费能赚回来3块钱，甚至赚回来5块钱，事情就简单了。既然有投有赚，你要做的就是大量投放，轻生活就是这么干的。2016年5月到8月，轻生活共投放112个微信公众号，总投入广告费约120万，直接产生的销售额约610万，到今天，这个数字已经涨到1173万。这就是我亲眼看到过的：**好产品配上好文案，就像按下印钞机的开关，创造出源源不断的财富。**

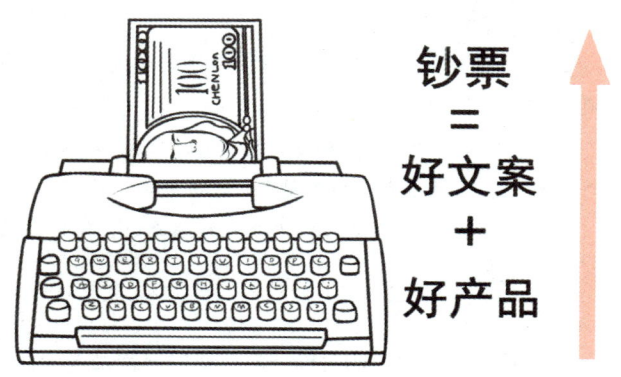

一边是地狱，一边是天堂。

写好文案对你的意义，不只是脱离苦海、领导认可和绩效奖金，更是改变你人生的钥匙。

在很多人眼里，文案就是个基层职位，不值得花太多时间研究。而在我眼里，好文案就是印钞机。你有没有读过一篇文章叫"如何写走心的文案"？**两年前，我发表在知乎，和大家分享，到今天已经获得了25082个赞，阅读量51.89万，**

在知乎文案类回答中排名第一。我开始在网上分享我的文案心得,我的文章被广告门、梅花网、数英网、首席品牌官、顶尖文案等营销媒体转载,创刊15年的老牌权威杂志《销售与管理》给我发来聘书,聘请我担任杂志营销专栏的作者。

有一点小名气之后,我有机会接触到很多更厉害的营销人,才发现自己是一只井底之蛙。

> 我一个月经手数十万广告费,而他们负责一个月花掉1000多万广告费。
>
> 当我为自己"投1元广告费赚到5元营业额"暗自得意时,他们的战绩是25元以上,高峰期甚至达到100多元。
>
> 当我对页面15%的支付转化率感到满意时,他们已稳定做到22%以上。

读到这儿,请停下问自己一句:我的数据是多少?

好文案的威力远远超越我的想象,我相信也会让你惊讶。

面对这样的营销大牛,我们总感觉他们大脑异常。你可能会想:成为那样的人,一定需要突出的天赋或背景吧,比如拿过新概念作文冠军、从哈佛留学归来或是做过奥美广告的高层。

真相是:不需要。

不需要什么天赋，这些文案大牛上学时作文水平以中等或中上居多。

不需要什么学历，他们有的毕业于三本院校，有的挂科太多，大四读完毕业证都没拿到，有的人大学读的是计算机。

不需要什么专业背景，他们有的做 SEO 出身，有的做业务员出身，有的人甚至做过服装设计。

他们能写出好文案，到底靠什么呢？系统！

他们脑子里有一套完整、清晰的文案系统！

·他们知道"文案打动顾客下单"是一个系统过程，并把它拆解成几个步骤。

·他们知道每个步骤要做到的目标，以及各步骤之间的逻辑关系。

·他们知道运用心理学等知识，把每个步骤都做成功。

·他们知道如何把各个步骤自然地串联起来，形成一篇完美的文案。

当这套系统印刻在你的大脑里，当一切模糊的概念变得清晰的时候，就是你告别痛苦、拥抱阳光的时候。

我并不聪明。**我花了 8 年时间才知道这一切。我把我 600 多次投放广告的实战心得，以及从营销牛人身上学到的**

知识精华,全部放在这本书里和你分享。

我忍不住想:如果我大学毕业就拿到这本书,会省掉我多少个迷茫纠结的日夜。

在这本书里,我会为你提供 18 种文案方法,请你大胆用起来,当你将它们运用自如时,你的文案将有质的提升。

"您有一个新的订单,您有一个新的订单,您有一个新的订单……"当订单提醒不停地在你耳边响起时,当你把产品卖爆时,当你开心地把嗓子喊哑时,你会发现:一切付出都是值得的。

0.2 文案卖货四步骤

提交文案时,最怕听到这样的声音。

你要改，但是领导的点评很空泛，你不知道怎么改。

即使过稿了，投放了，你打开后台发现：订单量比预期少，你想起自己写文案付出的艰辛，心有点凉。

你不知道问题出在哪里，这才是最让你害怕的！找不到症结，意味着挫败感一来再来。

我们一起梳理这个问题。

目标读者不是你的家人，也不是你的死党，要他掏出自己的血汗钱，这事不容易，对吗？

既然不容易，我们就要拆解这件"难事"，拆成几个更简单的"步骤"。那么请问你：**"用文案销售产品"这件事，最重要的几个步骤是什么？（小于等于 5 个）**

马上写在这里 _____

如果你不能马上写出来，说明你大脑里缺乏清晰的概念。每次写文案时，你只能凭感觉、凭经验，或是借鉴某个优秀作品，但这并不能保证你写得好，对吗？

终结痛苦的第一步是清晰概念。我经过对 600 多次广告投放的总结，以及和多位营销大牛的求证，发现文案销售产品有且只有 4 步：

1. 标题抓人眼球。
2. 激发购买欲望。
3. 赢得读者信任。
4. 引导马上下单。

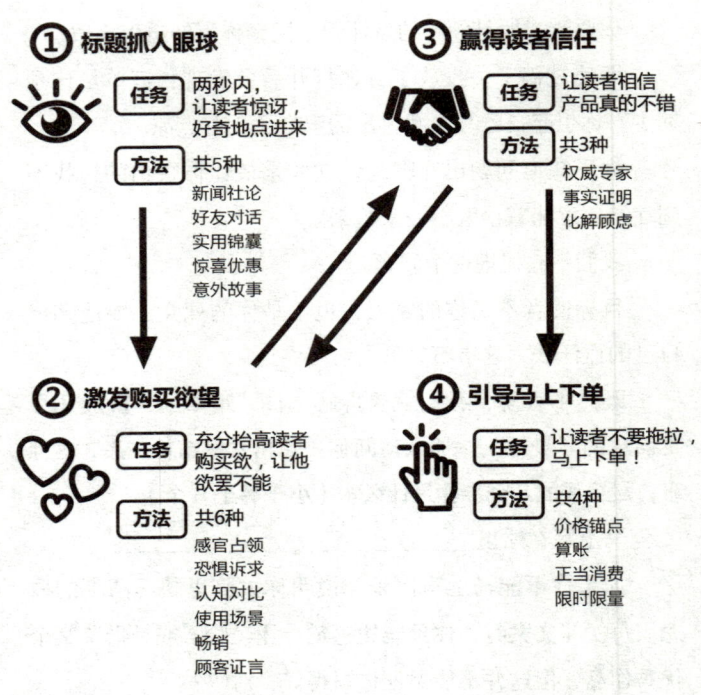

我们一步步来看。

①标题抓人眼球

你的任务：两秒内，吸引顾客冲动点击。

标题最大的作用就是让人点进来，人来得越多，就越有可能卖得多。**好标题的阅读量，经常可以做到一般标题的**

1.3 倍以上，假设转化率不变，这意味着多赚 30% 的钱！

有些营销人希望标题显得"精妙"，用双关语、谐音词，或是绕着弯表达，需要读者想一下才明白其中奥妙。他们不知道的是，读者只给两秒钟。你看过别人刷手机的手指吗？刷，刷，刷。看不懂？刷过。不感兴趣？刷过。

我们的任务：两秒内让他惊讶或好奇，不假思索地点进来。注意：是不假思索，而不是想了一会儿才点！这本书会给你 5 种好标题的"句式"，个个抓人眼球。为了方便你理解，我将向你展示 24 个精彩的标题案例！**你把产品信息套进"句式"里，就能产出几条不错的标题。你可以挑一条最好的，也可以用它们刺激你想一条更棒的。**

掌握之后，你写标题不需要依赖灵感，那玩意虚无缥缈，经常缺席，你靠的是稳定高效的方法！我建议你写完内文，在熟知全文脉络的基础上再写标题，所以我把写标题的方法放在第四章。

② 激发购买欲望

你的任务：充分抬高读者的购买欲，让他心痒难耐，欲罢不能。

读者点进来读内文，他考察的第一个问题是：这产品，我想要吗？如果不想，他会马上离开，无论产品多么优质，多么优惠。

讲卖点是不够的。无论"好吃""健康""耐用"还是"补水",平铺直叙都缺乏诱惑力,我们要表达得生动精彩。

比如你卖酸奶饼干,光说"口感酸甜,酥脆好吃"是不够的,你非得把它写得让人口水流下来不可;比如你卖洗碗机,光说"节省时间,陪伴家人"是不够的,你非得让他感觉"这是人生大事"不可!

卖点写得一般,读者购买欲只有 3 分或 5 分,写得精彩,能抬高到 8 分或 10 分,你要写到读者心里长草、心痒难耐才算成功。本书第一章,就将为你揭示刺激购买欲望的 6 种方法,并且附上 21 个精彩案例,大量阅读后,你会充分领悟其中精髓,写出充满诱惑力的文案。

③ 赢得读者信任

你的任务:让读者相信产品真的很不错。

你肯定听过一句话"广告说得都很好,买回来发现不咋的!"谁都有过购物失望的经历,你的读者也不例外。当他被你撩得心痒难耐时,依然会警惕:你说得那么好,真的能做到吗?如果你不能消除这个疑虑,他还是会关掉页面走人。

自己说自己好是没用的,你必须用无可辩驳的事实证明,让他感觉到"这品质肯定没问题",或是"看起来可以信得过"!第二章,我将和你分享赢得顾客信任的 3 种好方法以及 14 个精彩案例,让读者通过文案熟悉你、相信你,为最终成交打好扎实基础。

④ 引导马上下单

你的任务:让读者不要拖拉,马上下单!

看到这里,你或许会想:什么情况?我明明打动他了,他也相信产品质量 OK,怎么还不下单?为什么?!

因为他没必要现在买呀。

他想起这个月的信用卡账单超支了,小孩下个月要交学费了,他想起银行存款太少了……总之,他舍不得了!这是他辛苦挣来的血汗钱,他付出时必然会格外谨慎。有时候他也在自我斗争,想买吧,但又心疼,于是犯了拖延症——算了!过两天再说!而你可以预想到,过两天就意味着再也不买了。

也没必要指责他矫情,回忆一下,你是否也在付款时犹豫过呢?人之常情啊。所以,你必须让他意识到:这是他人生中一次非常超值的投资,微不足道的价格能换来巨大的幸福感。并且这次优惠稍纵即逝,他必须马上购买!

第三章,我将和你分享 4 种引导马上下单的方法和 12 个精彩案例,它们大多出自爆款产品的文案,用上这些重磅武器,你将攻破读者的心理防线,闻到钞票的味道。

四步阐述完毕。你当然可以找到反例,比如苹果卖

iPhone，可以去掉第二步，大家电品牌卖冰箱，可以去掉第三步。但是对于大部分中小企业来说，这4个步骤缺一不可。

本书为你准备了71个精彩案例，帮助你明晰这四个步骤的写法。读完这本书，不要再用"没感觉""不够出彩"来定义你的文案，这种词太空泛，不能帮到你。**文案不能卖货，无非是这4步出现了问题：**

知道问题出在哪儿，问题就解决了一半。那些四步都做对，还做得很精彩的文案，已经一次次地创造了奇迹。有一年赚回1173万营业额的卫生巾推广文案；有一个月创造1000万以上营业额的鲜花电商详情页；有招生高峰期投1块钱，赚回100多元营业额的围棋培训班文案。文案的世界很神奇，比我们想象得更广阔，不是吗？

现在，我们就来揭秘——达成每个步骤所需的方法，我们从内文开始，先聊②激发购买欲望——③赢得读者信任——④引导马上下单，最后讲①标题抓人眼球。

马上开始吧！

目录
CONTENTS

一 激发购买欲望：
6 种戳心方法，让对方有下单的欲望

1.0 激发购买欲望 | 003
1.1 感官占领 | 004
1.2 恐惧诉求 | 014
1.3 认知对比 | 024
1.4 使用场景 | 034
1.5 畅销 | 046
1.6 顾客证言 | 054

二 赢得读者信任：
3 层事实证明，消除顾客购买疑虑

2.0 赢得读者信任 | 065
2.1 权威转嫁 | 067
2.2 事实证明 | 077
2.3 化解顾虑 | 086

三 引导马上下单：
4 个重磅武器，攻破最后一道防线

3.0 引导马上下单 | 097
3.1 价格锚点 | 100
3.2 算账 | 106
3.3 正当消费 | 112
3.4 限时限量 | 122

四 标题抓人眼球：
5 种标题范例，瞬间触动人心

4.0 标题抓人眼球 | 131
4.1 新闻社论 | 133
4.2 好友对话 | 137
4.3 实用锦囊 | 141
4.4 惊喜优惠 | 145
4.5 意外故事 | 149

五 范文解析："偷窥"高手的思维路径

5.0 范文解析 | 161
5.1 引爆13倍销量增长的充电宝详情页 | 162
5.2 让人流口水的啤酒文案 | 181
5.3 洗碗机冠军单品 | 205
5.4 一篇电动牙刷推文=113万营业额 | 223

后 记 | 246

一 激发
购买欲望
Stimulating Purchasing Desire

【感官占领】

【恐惧诉求】

【认知对比】

【使用场景】

【畅销】

【顾客证言】

叶茂中

理性的说服是后天的学习成果,而感性的诱惑是先天的本能。

1.0 激发购买欲望

每个人的钱都是有限的,他只会买自己非常想要的东西。文案的第一步,是激发顾客的购买欲,让他"心里长草",无法轻易走开。

这并不容易。看看你的手上都有什么?一些产品样品、几份产品资料或一些往期文案稿件。你还有一些简单的产品卖点,比如好吃、营养、省电、新鲜、时尚、坚固、实惠等。

看看市面上的文案吧,他们只是把这些资料做了简单加工,变成这样:科学的精工配置、舒适的使用体验、呵护家人健康或缤纷优惠狂欢等。**这样写没什么错,但是也没什么用。** 它们就像一盘速冻菜,只不过是半成品,不够鲜活、不够诱人、不够精彩。

我们要像五星级大厨一样,对"原料"深加工,煎炒烹炸,出品一份"文案佛跳墙"!一出场,就香飘十里,让人目不转睛,欲罢不能。

我为你准备了 6 种激发购买欲的方法,都是实战中验证过的好用的方法。文案写多了,谁都难免有一些思维惯性,**用这些方法重新刺激你的大脑,写出和以前不一样的感觉,这个过程很好玩,你试试看!**

让我们开始吧!

1.1 感官占领

你卖的产品是否给顾客很棒的体验？比如——
美食：烤鸡、蛋黄酥、坚果……
饮料：果蔬汁、精酿啤酒、香蕉牛奶……
让人身体舒适的产品：香薰仪、按摩椅、蚕丝被……
让人刺激愉快的项目：4D 电影、游乐园、VR 设备……
它们的卖点很明显：美味、刺激、舒服等。

把这些词润色一下，就成了文案，很多营销人就是这么干的，我摘抄几段给你看。

> - 地道手工拉茶：红茶选用斯里兰卡原产锡兰红茶，是制作港式奶茶的不二之选，经由浸茶、滤茶、撞茶等纯手工工序，更显得独具匠心。
> - 超感私人影院：看会"动"的电影，能与影片完美互动的 QUAKE 4D 超感沙发；超赞的杜比全景声音效，720 度还原电影音效。
> - 欧式华夫饼：来自欧洲的纯正风味，采用新鲜优质原料，每一块都又香又软，无论是裹着奶油还是蘸上沙拉酱，都是美味的享受！

阅读结束。你激动了吗？你流口水了吗？你被打动了吗？没有吧！很多营销人把卖点"包装"成华丽辞藻，放进

激发购买欲望

文案里,看似精炼,而真相是——不能激发购买欲!没用!

范例 | 滋补蒸鸡的文案怎么写?

怎么写才精彩?在我揭开谜底前,先和你聊个小故事。

我的朋友勇哥曾经在移动公司上班,薪水福利令人羡慕。4年前,他辞掉"金饭碗",创业进军餐饮业。他的主打产品是蒸鸡,我第一次吃就爱上了!每咬一口都鲜嫩流汁,我一口气吃完了一整只鸡,10分钟后,我看着自己圆滚滚的肚皮,才意识到吃撑了。**他们的鸡在团购平台低调上线,月销量很快做到惊人的12000只——在几乎没有推广的情况下!**

这一款震撼业界的王牌产品,官网推荐文案是这样写的:滋补蒸鸡,选用生态活鸡,奉献出最纯正、最鲜嫩的鸡肉,呈现出食材的健康、新鲜与品质。以原味干蒸的方式加入滋补药膳烹制,肉嫩汁肥、甘美醇厚、溜滑口感,具有温中益气、补精填髓的功效,为滋补养生、提气醒神的佳品。

如果勇哥蒸鸡的美味值是10分,这篇文案大概只写到了4分。我自己吃过,我知道:那是我尝过最美味的食物之一,如果你有幸买到它,你会发现——

整个蒸鸡有一颗小西瓜那么大,用精致光亮的锡纸包裹着。打开锡纸,一只完整的金灿灿的蒸鸡映入眼帘,一股

激发购买欲望

烟向上飘起,你会闻到热鸡肉鲜香的味道,没有防备,你的口水已经悄悄流下。

你戴上两只手套掰下鸡腿,刚出炉的鸡腿有点烫手,你下意识地对它吹了口气。鸡皮渗着汁水晶莹发亮,咬了一口,鲜嫩的   鸡肉终于进入你的口腔,你尝到鸡肉和盐混合的鲜美,还尝到枸杞的酸甜和一点当归的药香味。你以前可能吃过干涩难嚼的鸡肉,这次不同,你发现这整只鸡都充满了汁水,每一口都滑溜顺口,毫无阻力,大口咀嚼的时候,耳朵里好像能听到鸡汁四射的声音。

随鸡附赠了一包辣椒面——那是绝对的人!间!美!味!倒在小碟里,变成一座红色碎末小山丘,拿一块鸡肉蘸一下,再放进你的嘴里,那一秒,辣椒面的咸辣味、茴香味、孜然味和鸡肉味在口腔里一齐"炸开",惊艳到你身体为之一颤,你发现自己莫名其妙嘴角上扬,忍不住微笑起来!

不到 15 分钟,整只鸡已经被你消灭干净,你会感觉有点撑,却意犹未尽。看到锡纸上残留着鸡汤汁,你毫不犹豫地往嘴里倒,温热的汤汁从喉咙流到胃里,全身一阵暖。

这样写,你对勇哥蒸鸡的购买欲是不是升高了?

这段文案不是天上掉下来的"灵感",而是我用科学的方法,按部就班创作的成果,任何人都可以学会,你想知道

其中的奥秘吗？

感官占领 | 方法运用

　　几乎人类所有的体验感受，都来自他的感官，比如眼睛、鼻子、耳朵等。当你告诉顾客你的产品"美味可口"或是"惊险刺激"时，顾客的感官没有被调动，他没有被打动。

　　现在，给你一个清晰、简单、一看就懂的方法，让你轻松打动读者！

　　假设顾客正在使用你的产品，描述他的眼睛、鼻子、耳朵、舌头、身体和心里的直接感受。

激发购买欲望

- 眼睛：你看到了什么？好比你卖一款特别浓稠的希腊酸奶，写"浓稠可口"是不够的，我们要写"像乳白色的奶香冰激凌一样，只能用勺子挖着吃"。
- 鼻子：你闻到了什么？好比你卖香薰蜡烛，不要写"香味浓郁"，而是写"北非百合花的高雅花束，混合着刚割下的青草香气与高山上清新空气的味道"。
- 耳朵：你听到了什么？好比你卖音响系统，不要写"震撼音效"，而是写"当电影里一辆摩托车呼啸而过时，马达的轰鸣声从左耳冲到右耳"。
- 舌头：你尝到了什么？好比你卖甜酒，不要写"酸甜可口"，而是写"鲜活的桃汁，轻快的柠檬酸，混合着绵密的微气泡在口腔中跳跃"。
- 身体：你感受到了什么？你触摸到了什么？好比你卖凉席，不要写"这款凉席清爽透气"，而是写"躺在这款凉席上，你会感受到清爽透气，像是凉席底下轻轻吹过田野的清风，躺上半小时后，你会惊讶地发现：背上居然不出一滴汗"！
- 心里：你的内心感受到了什么？好比你卖卡丁车体验项目，不要写"惊险刺激"，而要写"急转弯的时候，心怦怦跳，忍不住深吸一口气"！

激发购买欲望

你感受到差别了吗？当你描述这些感受时，你已经占领了读者的联想，让他在脑海里调动自己的感官跟随着你的文字，去看、去听、去闻、去触碰，从而深入地体会到产品的美妙，而他的购买欲望也随之升高！

☆感官占领 | 精彩案例

假设你正为一个豪车品牌工作，产品研发部的家伙丢给你一份产品资料，上面写着各种数据：V12前置发动机、缸径92毫米、排量6.7公升、豪华木饰真皮车门、木质真皮方向盘等。如果用常见的写法，文案会是这样的：车内空间宽敞、内饰奢华、马力强劲……而美国广告人德鲁·埃里克·惠特曼是这样写的：

> 德鲁·埃里克·惠特曼
> 人称"直邮博士 Mr.Direct！"
> 美国广告宣传与销售培训大师

> 这辆车拥有宽阔如客厅的车厢（眼睛），关上它那扇拱顶似的车门，准备享受少数特权者的驾驶体验。你周围都是华丽而芳香的皮革（鼻子），产自国外的硬木和昂贵的威尔顿羊毛地毯（眼睛），这辆车会显出你独特的生活方式……感觉到了吗？当高达453马力的强劲动力召唤你释放它们时，你的肾上腺素正飞快地流过静脉血管（身体）。

激发购买欲望

瞧,德鲁·埃里克·惠特曼就这么占领了我们的感官,人没到 4S 店,却感觉好像试驾过一样。

一 ⚠ 成功关键:你真的用心体验过!

回忆一下,那些让你心潮澎湃的文案,是不是使用了"感官占领"?说来简单,做起来也不很难,为什么大多数人写不出呢?

因为"习以为常"。

我们作为营销人,天天在公司里工作,对产品早已习以为常。即使它有各种亮点,即使它体验出众,我们也可能视而不见。就像结婚 20 年的老夫老妻,即使对方身上有很多闪亮的特质,彼此也视而不见。

你是否也对你们家的产品"习以为常"了呢?如果你都觉得它很平常,你如何说服读者它很出众,让读者购买呢?

玩个角色扮演的游戏。准备一个本子,一支笔,以及一份你的产品。然后告诉自己:我今天不上班!我是来购物的!我刚刚花钱买了这个产品,我看看咋样?接着,你以顾客的角色完成产品体验的全流程:

- 拆开包装;
- 观赏产品;
- 开始使用。

激发购买欲望

在这个过程中,让自己像一个兴奋好奇的孩子,一点不寻常都让你惊喜万分,并记得用笔记录下你每一步的感官感受,你看到、听到、闻到、尝到、触碰到、心里感受到的所有!这时,你再看你的本子,一份全新升级版的文案雏形已经诞生!

实践练习 | 推广达人

如你所见,感官占领文案有种直指人心的魔力,你想不想马上拥有?现在就和我来做个小游戏。

回想一下,你最近买了什么好用的产品?看看你的书桌、浴室、客厅和厨房,选一个出来。

用感官占领写一段文字,描述使用它的美妙体验,但是不要写品牌——你是故意的!你的目的:把文案和产品照片发到朋友圈,让你的朋友们看得心痒难耐,促使他们问你:哪里买啊?

你的目标:留言数翻倍!假设平时你发一条朋友圈,平均有10个人给你留言,这一条的目标就定为20!以此类推。半天后,你就可以看到数据,检视自己的文案功力。好玩吧?合上书,现在就去写!

我相信你已经收获了满满的留言,我也完成了我的作业。我选的产品是一款小巧的颈部按摩器,卖点是缓解颈部疲劳,我是这样写的:

激发购买欲望

> 如果你每天看很久电脑,脖子很酸,头昏脑涨,你的救星来了!这个颈部按摩器我用了3年,强力推荐!
>
> 别看这家伙只比巴掌大点(眼睛),力气却很大,开关一开,你会感到两股电流刺激颈部穴位,一阵酥麻蔓延全身,震得脖子都左右摇动。(身体)
>
> 两种按摩模式,一种像小拳头,"哒哒哒……"一下一下地敲打颈部,疲劳感一下就缓解了;一种像单手按压,好像泰国技师用食指、中指、大拇指揉按穴位,阵阵酸麻,舒服地让你上瘾,希望它永远不要停。(身体)
>
> 15分钟一节,摘下仪器,颈部的紧张沉闷感竟然消失了(身体),有一种连上5天班终于周末的欣喜,你会情不自禁地长出一口气"呼……",感觉像是换了个新脖子!(心理)

我这样思考:读者购买按摩器,最看重两点:按摩时是不是舒服?按摩后是否缓解疲劳,获得了放松?鼻子、舌头这两个感官用不上,我重点用"身体"和"心理"来打动他们,经过半小时的打磨,形成了以上文案。

结果:我平时每条朋友圈大概会收到10条留言,今天收到了21条,大部分都在问:"去哪买?"请看下页图。

而这款产品的电商详情页文案是:按摩颈部穴位,缓解颈椎酸、麻、涨、痛、僵硬,舒筋活络,远离头晕头痛。低周波技术,通过电磁揉、敲打、按等手法10档调节,大师级的按摩享受。这种话真的能打动人吗?

然而，这就是很多老板、营销人认可的文案：用漂亮的形容词，意思模糊的技术名词给产品贴金，而真相是——没啥用。人们读了，脑子里只有一片模糊。而感官占领文案不一样，它直指人心，几乎无法阻挡。你的文字像一根魔法棒，一字一句地调动读者的眼睛、鼻子、耳朵、舌头、身体和内心，让他身临其境地体验你的产品，达成"文字试用"的神奇效果。现在，这把武器就交到你手上，下一篇文案，你要起来试试看？

总结

- 感官占领写作方法：描述体验产品时，眼睛、鼻子、耳朵、舌头、身体和心理的感受。
- 假装自己是顾客，重新体验一次自家产品，把感官感受记录下来。
- 用孩子般的好奇心体验产品，用充满激情的文案感染顾客。

1.2 恐惧诉求

你是否在卖这样的产品:

> ● 省事型:扫地机器人,省得你去扫地;洗碗机,省得你洗碗;还有全自动洗衣机……
> ● 预防型:防尘螨床单、防甲醛空气净化器、防盗指纹锁、防牙病的电动牙刷、防近视的台灯……
> ● 治疗型:肩周炎贴、祛痘产品、减脂产品、拯救拖延症的时间管理课程……

简言之——它们能避免麻烦!卖它们时,你有两种方法刺激读者购买欲:

正面说
形容拥有后有多美好。

反面说
没有这个产品,你的生活
会有多糟糕。

正面说常常不够给力,于是我们还要从反面说,这就是大名鼎鼎的"恐惧诉求"!写一段文案,让读者觉得"天啊!扫地太花时间,太痛苦了"!于是,他必然会更想买你

激发购买欲望

的扫地机。这是一种强力的诉求方式。

"恐惧诉求"不是什么秘密,很多营销人会不屑地说:"哼,我早就知道了,不就是吓唬人吗?"而真相是——很多"恐惧诉求"文案压根儿吓不到人,请看下面这些文案:

一款防尘螨床垫的电商详情页:螨虫遍布了你的家庭,是过敏性鼻炎、皮肤病的元凶,为了全家的健康,必须尽快除螨!

一款指纹锁电商详情页文案:盗窃案频发,你家的锁真的安全吗?

这些文案打动你了吗?并没有。它们的问题出在哪儿?正确的"恐惧诉求"该怎么写?

范例 | 我害怕阅读的人

有一年,台湾天下文化出版社迎来 25 周年庆,请奥美广告来做推广,动员台湾地区的大众多读书。当时台湾经济发展很快,每天都有很多创富故事刺激眼球,大家都急着往上爬,工作、应酬、交际……却静不下心读书。

按照常规的思路,我们可以使用恐惧诉求,对读者这样说——

 不读书的人思想贫乏,缺乏素养!
不读书跟不上时代潮流,未来难有发展!

激发购买欲望

  这样说虽然很严重,但很容易激起人们的逆反心理,读者心里会想:你凭什么说我思想贫乏?我也经常和朋友、生意伙伴聊天,了解最新的资讯呢!有的读者甚至会反唇相讥:闽南话说得好,"爱拼才会赢",死读书有什么用?

  台湾奥美交出了自己的"作业",文案标题是《我害怕阅读的人》:

  我害怕阅读的人。一跟他们谈话,我就像一个透明的人,苍白的脑袋无法隐藏。

  我所拥有的内涵是什么?不就是人人能脱口而出,游荡在空气中最通俗的认知吗?像心脏在身体的左边。春天之后是夏天。美国总统是世界上最有权力的人。但阅读的人在知识里遨游,能从食谱论及管理学,八卦周刊讲到社会趋势,甚至空中跃下的猫,都能让他们对建筑防震理论侃侃而谈。相较之下,我只是一台在MP3时代的录音机;过气、无法调整。

  ……

  他们是懂美学的牛顿。懂人类学的梵谷。懂孙子兵法的甘地。一本一本的书,就像一节节的脊椎,稳稳地支持着阅读的人。

  我害怕阅读的人。我祈祷他们永远不知道我的不安,免得他们会更轻易击垮我,甚至连打败我的意愿都没有。

  我害怕阅读的人,他们知道"无知"在小孩身上才可爱,而我已经是一个成年的人。我害怕阅读的人,他们懂得生命太短,人总是聪明得太迟。我害怕阅读的人,他们的一小时,就是我的一生。

  我害怕阅读的人,尤其是,还在阅读的人。

激发购买欲望

　　这篇文案发出后，引发了巨大的社会反响，很多人评论"字字戳心""惭愧"或是"真的说出了我的心里话"！

　　它高明在哪儿？

　　这篇文案背后，有一个敏锐的洞察：奥美广告人发现人们忙着做生意时，免不了应酬交际。饭桌上，总有一些博学的人侃侃而谈，谈到生意，他们能聊国际最新的创业理念，聊到茶杯，他们能说出茶叶的发展历史，他们总是充满魅力，主导话题，当然更容易赢得尊敬和订单。

　　而更多人——包括读这篇文案的人，**因为知识量不足，尽管入席就座，却毫无存在感，就像仆人陪公子读书**。读者看到这段话，可能会想起上次在某某餐厅和大佬们吃饭时，自己很难插上话，脑袋里没有精彩观点可供表达，像是个跑龙套的群众演员，傻傻地看着别人谈笑风生，合谋做事业，赚大钱，而自己却进展缓慢，一股惭愧、无奈、悔恨的情绪涌上心头——是要开始多读书了！

　　这篇文案斩获了多个广告比赛的创意大奖，一直流传至今，广为传颂。这就奇怪了，同样是"恐惧诉求"，为什么之前的防螨床垫、防盗门文案看了没感觉，而这篇文案却"字字戳心"呢？成功的"恐惧诉求"到底该怎么写呢？

恐惧诉求 | 方法运用

　　那些让我们仰视的"神来之笔"，其实都遵循着一定

的套路。如果你把它们收集在一起,逐个拆解,你会惊讶地发现它们有着一模一样的结构,由两段组成:

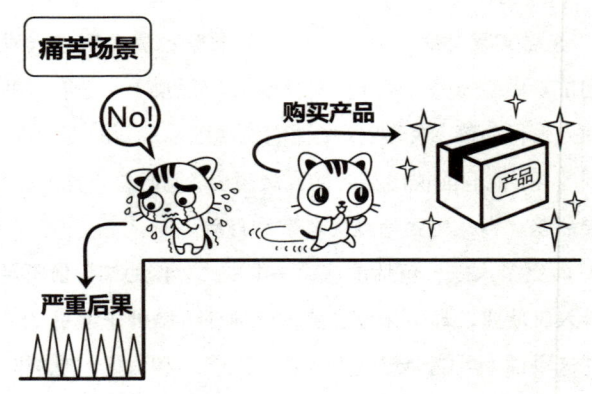

痛苦场景

说"不读书没前途"太抽象,无法引起共鸣。因此,我们指出一个具体的痛苦场景——高人谈笑风生,你却无话可讲。读者突然回忆起来了,心被刺痛了!

严重后果

光刺痛读者是不够的,他可能痛一下就忽略了,你必须指出:这个问题不解决,会带来难以承受的后果,当他发现这一点后,他就会立刻寻找解决方案——你的产品。《我害怕阅读的人》强调"在成年人的世界显得无知""祈祷不被击败",就是告诉读者:如果你不改变,在社交场合你还是会显得愚蠢、难堪。有一天,你可能被社会淘汰!

激发购买欲望

想到这么严重的后果,读者就开始意识到要读书了!

☆ 恐惧诉求 | 精彩案例

案例 1 | 纳米防水喷雾

一个年轻的创业团队推出纳米防水喷雾罐,喷到鞋上形成保护膜,让鞋、包包能防水、防油和防污,典型的预防型产品。

如果不掌握方法,恐惧诉求文案会写成这样——

平时出门,鞋子、包包难免被弄湿,沾染泥土、污渍,弄脏了心爱的物件。

读者可能不以为然,心想:这种情况不常见啊,大不了擦干净就好啦,或认为:我对鞋没那么讲究,不需要,谢谢!

而这款产品的微信推广文案是这样写的:

上班日下雨最崩溃了,不小心蹚一鞋水,在公司又换不了鞋,要黏黏腻腻一整天,想想就糟心。

……略一部分……

出门在外,登山下海,领略过多壮观的美景,就要踏

激发购买欲望

过多泥泞的道路,吃过多飞扬的尘土。

况且,鞋子、背包、衣服、帽子什么的,还容易沾上汽油或者油腻食物,变得脏兮兮。

回到家后,刷鞋子洗衣服就够你废掉老腰了,而且可能也洗不掉?

读文案时,读者会突然想起往日糗事:比如上个月梅雨天,在街头不小心踩到水坑,湿着鞋走到公司。自己想脱鞋,又担心不雅观,只能踩着湿鞋忍到下班;去年去云南旅游,回家时,鞋和包都沾满污渍,用力刷都刷不掉……天啊!怎样才能避免这些倒霉事?!读者自然会认真地往下看产品功能。

痛苦场景

下雨天踩到水,旅游弄脏鞋、包、衣物。

严重后果

脚踩湿鞋一整天,费力洗刷鞋、衣物还洗不掉。

案例2 | 时间管理音频课

一位台湾讲师与一个大型音频平台合作,推出时间管理音频课,20节课售价199元。当时,平台上已经有多个

激发购买欲望

时间管理付费课，竞争十分激烈。他的一位竞争对手在详情页里这样写道：

拯救拖延症／低效／无法坚持／懒癌！

你是否有这样的困扰：上班浑浑噩噩、下班也不知道做什么，无法构建职场竞争力、没有"硬本领"、树立的目标无法完成、家庭／生活／工作无法平衡……

读者读完，未必会"对号入座"，心里可能会这样想：我虽然工作效率不算高，但是也不算"低效"，更不算"懒癌"吧！我一点不觉得自己上班浑浑噩噩啊，我干的工作不少呢！也有读者会觉得：这门课是推荐给初级职场人的吧，我早过了那阶段啦！

这位台湾讲师讲课多年，辅导过上千名学员，对职场白领的心理有深刻洞察。**他在试听课里，特意请听众配合自己做了个小测验。**

下面 5 句话，你若有同感，就在心里打个钩。

☐ 我常常忙了一天，却感觉很多事情还没做完。
☐ 我的工作时常被领导、下属、其他部门同事打断。
☐ 我工作时常常忍不住去看一下手机。
☐ 我买了很多书，收藏了很多微信文章却没有时间读完。

激发购买欲望

□ 当领导突然给我加工作量时,我会感到很焦虑。

> ● 一个都没有钩,说明你的时间管理做得很不错,再接再厉!
>
> ● 打钩1到2个,说明你的时间管理做得一般,还需要掌握更多方法。
>
> ● 打钩3到4个,你每天都在浪费大量时间,你迈向成功的进度被严重拖慢。
>
> ● 打钩5个,属于"晚期患者",你缺乏时间管理的基本概念,必须马上改变!

你是否也情不自禁地玩起了打钩游戏?你打了几个钩?如果你是3个钩以上的"严重患者",你会特别渴望被"解救"。**作者很聪明,把"痛苦场景"设为打钩题,把测试结果设为"严重后果",让你无法忽视他的警告。**这堂音频课自上线后,销量就十分火爆,一度冲上平台热销榜的前十名,这位名不见经传的讲师,居然和《奇葩说》的马东、歌星龚琳娜一起站在热销榜 TOP 10,他的恐惧诉求文案立下大功。

恐惧诉求 | 实践练习

想让人恐惧,就能让人恐惧,这是好文案的重要能力。现在,就和我一起来练习、掌握它。

今天我们来卖电动牙刷,这个产品大家都不陌生。电动牙刷洁齿频率高,有时间提醒功能,强迫人刷足一定时间,帮助我们预防牙病。

现在,请你写一段"恐惧诉求"的文案,让读者发现:"天啊!我可不要得牙病!"从而更认真地关注电动牙刷。现在合上书就写。

心里都知道刷牙重要,但还是常常应付了事,不认真刷。稍不注意,就容易牙龈发炎,不只刷牙的时候经常流血,严重的时候,咬口白馒头都能看到一排血印。发作时,牙齿闷闷地阵痛,捂着脸皱眉,根本没办法工作(痛苦场景),只能请假看病,工资被扣了还耽误工作,看病回来还得加班补上。(严重后果)

但凡去过牙科的人都晓得:看牙真贵!治疗几颗牙,费用随便都要上千元,交了钱还要遭罪,躺在牙椅上,闻着消毒水的味道,任牙医的手在自己嘴里钻洞,疼得眼泪在眼眶里打转(痛苦场景),真是花钱又受罪!(严重后果)

以上文案摘自一款国产电动牙刷,以"痛苦场景+严重后果"为结构,让读者重视预防牙病,从而很认真地往下读,关注它的具体功能。这款牙刷在一个科技众筹平台上线后,24小时内,1万支库存被一扫而空。

> **总结**
>
> - 恐惧诉求适用范围：省事型、预防型和治疗型产品。
> - 恐惧诉求＝痛苦场景（具体、清晰）＋严重后果（难以承受）。

1.3 认知对比

很多时候，你的产品卖点是"更好"。

你的产品属于一个成熟品类，没有颠覆性的新功能，**卖点是：在某些方面更好**！比如，相比于市面上的传统产品，你的果汁"更有营养"，你的灭蚊灯"更安静"，你的毛巾"吸水性更好"等等。

既然有优势，那就直接表达出来吧！很多营销人这样想，于是写下这样的文案：

> - 我们的灭蚊灯采用轴承风扇，更静音，实测仅40分贝，不用担心它会打扰您的好睡眠哦。
> - 我们的果汁采用风靡欧美的低温冷榨技术，通过缓慢挤压出汁，从而避免了大部分营养被氧化

激发购买欲望

的缺陷,能更充分地保留丰富的营养成分。

● 我们的吹风机以 57 摄氏度恒温吹发,出风更柔和,不影响头发的光泽和弹性。

这样写,感觉太平淡了。公司辛苦研发出的强大功能,读起来似乎也没什么了不起。我们该怎样把产品特色表达得淋漓尽致呢?

范例 | 冷榨果蔬汁文案

我曾经接到一个文案任务:推广超高压冷榨果蔬汁。

科普时间:你自己榨的果汁,如果放桌上不管,两天后肯定馊掉,对不对?超市里卖的 100% 纯果汁为什么不馊呢?奥秘:果汁在工厂里用高温加热过,很多导致果汁腐坏的细菌被"烫死"了,所以能放几个月!

另一种方法是使果汁承受超高压力,"压死"这些细菌,这样做不需要加热,口感营养好得多。

但也贵得多啊!我必须把顾客的购买欲激发得足够高,他才可能买。我写的文案是这样的:

我们率先引进了 HPP 超高压灭菌技术,完善保留果蔬营养并锁定新鲜口感。无须羡慕好莱坞明星手上的洋品牌果蔬汁,每一瓶我们的果汁都使用相同的先进工艺制成。

激发购买欲望

你常喝的,是果汤,还是果汁?

果蔬汁含大量微生物,包括真菌、细菌和部分酵母菌,因此很容易变质,灭菌是所有灌装果蔬汁的必修课,然而,灭菌工艺不同,果蔬汁品质也截然不同。

传统高温灭菌技术:利用病原体不耐热的特点,高温加热果蔬汁,将细菌"烫死"。然而,与细菌"同归于尽"的还有大量宝贵的维生素。实验表明,高温加热后,维生素B_1、维生素C、维生素B_{12}和叶酸含量显著下降。果蔬汁的口感也变了,显得沉闷乏味。鲜果汁进去,熟果汤出来。

HPP超高压灭菌技术:HeyJuice引进了HPP(High Pressure Processing)超高压灭菌技术,把封装果汁放在密封、充满水的容器内加压,使果汁承受超高压力,一举消灭细菌、酵母菌、微生物,而果汁营养几乎毫发无损,口感生鲜如初,新鲜与营养兼得。

小贴士:HPP超高压灭菌毫不留情,却特别善待营养元素,有抗氧化功效的多元酚能存留接近100%,维生素C存留85%;高温灭菌时只存留40%。

或许不需要懂这么多理论,喝一口冷榨果蔬汁,舌头立刻尝到橙子的清新、番茄的酸甜,就连芹菜的生涩都如此可爱。

那是大自然泥土孕育的野生味道,毫无保留、不加修饰、淋漓尽致。

激发购买欲望

这篇文案在品牌公众号发出后,收到很多顾客的留言,"难怪超市果汁那么难喝""以后再也不买果汤了",也有很多人发来鼓励,"继续保持好品质!""三天喝下来感觉清爽!"与此同时,后台的产品销量在迅速增长,这篇文案取得了很好的反响。其实,我在下笔之前,就准备用"**认知对比**"的方式来写,而它就是让文案生动的奥秘。

认知对比 | 方法运用

经典的心理学书籍《影响力》提到:"人类认知原理里有一条对比原理,**如果两件东西很不一样,我们往往会认为它们之间的差异比实际的更大。**"

这条原理可以用在文案中:**我们先指出竞品的差,再展示我们产品的好,我们的产品就会显得格外好!**

如果我只写冷榨果汁的各种优点,听起来就像是自夸,并且平淡无奇,但是,如果我先说超市果汁是"煮熟的果汤""口感沉闷""营养被破坏",再说冷榨果汁"清新、生鲜、营养丰富",就会让后者格外有魅力!

"认知对比"激发购买欲需要两个步骤:

1.描述竞品:产品差(设计、功能、质量等方面糟糕)+利益少(带给消费者的好处少,甚至有坏处)。

2.描述我们:产品好+利益大。

当然,批评竞品时要有理有据,不能乱骂,我们来看3个案例。

☆认知对比 | 精彩案例

📍案例1 | 榨汁机

去年,市面上出现一种小型榨汁机,亮点是清洗特别方便。一家公司在推广文案里写道:

分离式刀头,易拆易洗。
轻轻地拿着搅拌刀头盖,只需一冲,即可冲走果汁残渣。

很多读者没用过榨汁机,他们会疑惑:"分离式刀头"是什么意思?真的"易拆易洗"吗?他们心里没概念,自然没有心动的感觉。

另一个品牌借助微信大号推广,文案是这样写的:

大部分人买榨汁机就图个方便好用,想喝就榨还清洗方便。但榨汁机的原理是果汁和果渣分离这一步需要滤网,清洗滤网简直是噩梦啊有没有?

PS:不怕告诉你们,我之前的榨汁机用几次就不用了,就是因为太烦清洗了,榨完必须用刷子立刻刷干净,刷完还得组装……

而这台机器,容器本身就是杯子,所以,清洗时,只需用水冲一冲杯子和搅拌刀头就行了,简直不要太方便!

真正的好东西,好用,也好下次用,不是吗?

读者一看就懂了,而且感觉它帮自己省了很大工作量,真是方便!

两篇文案的差别在于,前者单纯自夸,而后者与传统榨汁机对比。

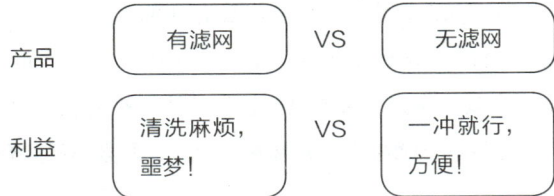

读者当然要选后者。文案中,作者还指出传统榨汁机过滤掉果渣,"浪费掉了营养丰富的水果纤维",而自家产品果肉果汁混合,饱腹感更强,营养保持良好,再次利用认知对比塑造了产品优势。这款榨汁机上市后持续热销,半年内几乎铺遍了各类时尚类微信大号。

案例2 | 棉柔巾

微博上曾经诞生过一个热议话题:用手洗脸好,还是用毛巾洗脸好?大部分北方人习惯用手,而南方人习惯用毛巾。当网友为谁对谁错吵得不可开交时,一个品牌敏锐地从中发现了巨大的商机。

他们开发出一款棉柔巾产品,外观像纸巾一样,但韧性要强得多,沾水后可以洗脸,不会掉纸屑。**他们希望在南方推广这款产品,建议女性用它代替毛巾洗脸。**

这可是在挑战南方女性几十年的洗脸习惯呢!很多女生觉得毛巾覆盖面大,摩擦力比较强,抹在脸上感觉力道十足,清洁很彻底。**而棉柔巾看起来薄薄的,总觉得不够有力,**

激发购买欲望

洗完后感觉心里没有安全感。这个品牌应该怎么写产品文案，才能让南方女生改变多年习惯，尝试用棉柔巾洗脸呢？

毛巾的质地比较粗糙，但脸皮肤是比较敏感和细嫩的，稍用力就容易伤害皮肤。

早晚各洗两次脸，那么毛巾就长时间处于湿的状态。南方冬天是湿冷的，春夏的时候又经常下雨，特别是梅雨天气的时候，毛巾特别不容易干还会发臭，很容易滋生螨虫，对皮肤造成二次污染，令毛孔变粗大，简直白瞎了之后用的护肤品了。

棉柔巾可以完美替代毛巾洗脸，用完即弃，每一片都是崭新的，对皮肤无污染0伤害；由100%纯天然棉花制成，十分柔软，对敏感肌和角质层薄的小仙女真的很友好～特别是可以呵护好眼周的皮肤。

嘿！毛巾臭是很多女生的痛点呢！她们心里也清楚，毛巾光靠勤洗没用，必须拿到阳台晒太阳，甚至还要定期煮沸消毒，问题是——哪儿来这么多时间啊！作为忙碌的上班族，有几个人能做到呢？

于是，很多女生也只能继续用毛巾洗脸，尽管它有点臭，自己也确实担心它伤害自己的面部肌肤。相比之下，棉柔巾崭新又干净，力道虽然比较轻，但似乎更呵护娇嫩的肌肤，或许能改善自己的肌肤状况呢！文案利用认知对比，打动了

不少南方女性。这篇文案最早投在一个女性用品测评的大号上，ROI 做到了惊人的 1∶7（平均投 1 元广告费，赚回 7 元营业额），主笔作者是一位毕业刚两年的文案新人，她自己都感到很意外！

案例 3 | 烤箱

阿如是一个家庭主妇，有一个 4 岁的女儿，她想买个烤箱，和女儿一起玩烘焙，既能锻炼孩子的动手能力，又能丰富家庭菜谱。她打开电商网站搜索"烤箱"，看到页面是这样写的：

煎烘一体均匀加热，3L 黄金空间更高效；
上下双层发热管，360 度立体加热；
加厚钢化玻璃烤箱门，全方位散热系统……

阿如一头雾水。和很多女性一样，她看不懂这些技术名词，也不想了解。她关掉页面，点开另一个产品介绍：

普通烤箱：配置普通内胆，热量不能到达炉腔各个角落，烤大块肉类容易外熟里生。
我们的烤箱：配置钻石型反射腔板，3D 循环温场，均匀

激发购买欲望

> 烤熟食物无死角!
> 　　普通烤箱:无法植入烤叉,功能少,不实用。
> 　　我们的烤箱:特有360度旋转烤叉,能烤整只鸡和羊腿,外焦里嫩。
> 　　普通烤箱:普通钢化玻璃,长时间高温烘烤时,有破碎风险。
> 　　我们的烤箱:经上万次防爆实验,研发出四层聚能面板,经得起千锤万烤。

　　这3点都正中红心!阿如之前用微波炉热肉类时,最怕夹生,也担心烤箱出现类似问题。文案主动提出这一问题,还给出了解决方案。烤叉是意外收获,她想象着下周末要烤只全鸡,给家人一个惊喜。亲子烘焙时,安全是首要问题,文案提到的加固型面板也让她更放心。阿如想要的,这款产品都有,一看价格只要200多元,她愉快地"剁手"了。

　　有趣的是,**这两个品牌的烤箱功能其实很相似,前者写成了晦涩的"天书",而后者借助认知对比原理,不但突出了产品优势,也让读者能轻松看懂,心动下单。**

总结

- 认知对比适用范围：成熟品类产品，在某些方面"更好"。
- 认知对比写作方法：我们先指出竞品的差，再展示我们产品的好，我们的产品就会显得格外好！
- "认知对比"两个步骤：1.描述竞品：产品差——利益少；2.描述我们：产品好——利益大。

1.4 使用场景

如果我问你："你希望顾客什么时候用你的产品？"你会怎么回答？

我问过身边几位朋友。

卖智能鞋垫的朋友：我们的鞋垫能放进任何的鞋子里用啊，不管你穿什么鞋，都能帮你算好步数、运动量！

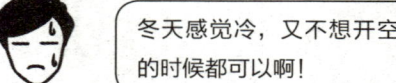

卖暖风机的朋友：冬天感觉冷，又不想开空调的时候都可以啊！

卖榨汁机的朋友：我这款榨汁机只要10多秒，想喝果汁的时候随时可以榨！

听起来很有道理,对不对?但真相是——这不能打动读者。

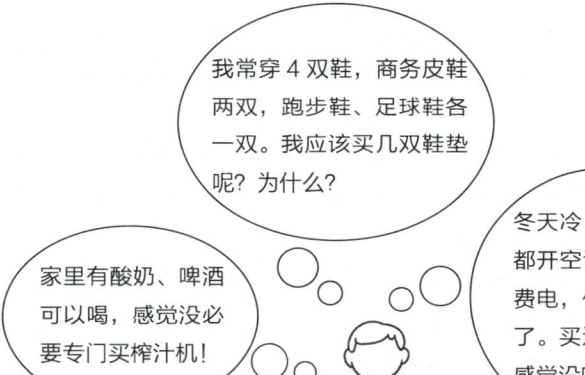

你看,顾客有各种理由拒绝你。

当你的产品有多种用途时,文案写"随时随地,想用就用"是个糟糕的想法。

那正确的写法是怎样的呢?

如果我来卖那台榨汁机,我会对目标顾客——白领女性这样说:

激发购买欲望

明天起床后,你可以剥开一根菲律宾帝王香蕉,切开橙黄色的软糯果肉,把它丢进榨汁机里,加入鲜牛奶,旋转杯体,10秒之后就能喝到冰鲜爽口的香蕉牛奶,香蕉的甜蜜和温柔的奶香在嘴里碰撞,用好心情开启新的一天!

明早不要再去楼下买豆浆了,你未来一周的早餐是菠萝黄瓜汁、胡萝卜美颜汁、柳橙奇异果汁、柚子葡萄汁……以及特别来宾——黄金海岸蔬果汁!

你想一想这个场景:晚上你口渴了,喝开水太乏味,喝高糖饮料怕胖。于是你打开冰箱,全被新鲜的蔬果塞满了:飘着淡淡乳香的鲜牛奶、金灿灿的水仙芒果、冒着露珠的智利蓝莓、香脆酸甜的美国进口车厘子……你的脸被冰箱照亮,你的心情也被瞬间点亮,最奇妙的是,随便拿出几样东西,很快就能榨出一杯五彩缤纷的美味果汁,带着舌头环游世界!更重要的是,营养健康,热量不高,没有负罪感!

我要提醒你:下次去瑜伽房时,记得带上一杯淡紫色的蓝莓雪梨汁,提前警告你,你的同伴看到后肯定会围过来,好奇地问东问西,没办法,引领潮流的人难免会有这些小烦恼!

激发购买欲望

每天早餐榨、晚上回家榨、榨了去健身房喝……在这段文案中,我描述了多个使用场景,让读者感觉"哇!有了它生活会大不一样啊!"而她的购买欲也随之升高!这就是描述"使用场景"的魅力。

使用场景 | 方法运用

"产品何时用"其实是一个思考题。

当营销人说"随时都可以用"的时候,实际是把这一题踢给了读者。读者才懒得认真想呢!

想想吧,谁看广告时愿意费脑深入思考呢?**绝大多数人都是慵懒、休闲地浏览着,如果一个产品让他们有疑惑,很简单,关闭广告就好了。**

所以,解题的人是你,你应该把他使用产品的场景一、场景二、场景三……设计好,让读者想象到一天下来,他可以一次又一次地使用产品,不断获得幸福和快感,这样打动他的概率就大大增加了!

你可能会问:"怎么才能想出来那么多使用场景呢?"

答案: 洞察目标顾客一天的常见行程。他总会固定地去某些地方,做某些事,产生某些需求,我们仔细观察:**哪些场景下,他需要我们的产品?** 以一名职场人士为例,他每年大部分时间都在工作,时不时迎来周末、小长假,偶尔有7天长假,日子不同,行程不同。

1. 工作日：早晨起床，洗漱，吃早餐，赶往公司，工作一上午，午餐，可能午休，工作一下午，晚餐，晚上加班或回家，回家后可能陪家人、读书、看剧、朋友小聚、运动等。

2. 周末、小长假：加班、看电影、逛街、各类健身和球赛、近郊游、朋友小聚、吃大餐等。

3. 年假：通常远途旅游，需要定行程，预订机票、火车票、旅馆，准备各类旅行用品等。

4. 节庆：旅游，回老家。春节回家，通常要给父母、亲友或恩师准备礼物，大扫除、拜年等节庆事项。

观察你的产品能植入哪些场景里，让他的生活更美好。把它们描述出来，去打动你的读者！

☆ 使用场景 | 精彩案例

案例1 | 起泡酒

一个餐饮电商公众号要卖麝香葡萄甜白起泡酒：

·来自意大利名庄，好喝，符合大众口感；

·小瓶装 375ml，大瓶装 750ml；

·秀气漂亮，瓶标上有优雅的意大利文和手绘花图；

·螺旋塞，拧开瓶盖，放根吸管就可以喝。

你可能有些心动，但是你不一定会买，阻碍是——不知道什么时候喝。

下班回家喝？你家里可能有其他饮料，或是你干脆去超市买。

朋友聚会喝？大家聚会的时候都是点餐厅的酒。

结果：不买了。电商公众号作者显然知道这一点，在内文里，他"处心积虑"地为产品找到3个使用场景。

·看电影喝可乐吃爆米花？换点花样呗。塞两瓶小甜酒在包里，电影开场，旋开瓶盖，塞根吸管，两个小时的电影正好喝完一瓶，还不用担心醉。如果和闺密／对象一起看电影，还可以直接带瓶750ml的，塞两根吸管，你一口我一口，瞬间有种"整个电影院都被我们承包了"的感觉。

这不，最近正赶上新片上映高峰：热血如《速度与激情》、

激发购买欲望

甜蜜如《春娇救志明》、复古如《大话西游》、酷炫如《银河护卫队》,都适合搭配"剧院尺寸"小甜酒。

· 除了看电影,外出野餐饮用也很合适。像上海这样冬天夏天(几乎)无缝衔接的地方,一定要好好珍惜短暂的春天。最好的方式,便是带上一篮子吃的,和好朋友们去草坪上野餐!下午三四点,拿出小甜酒,一口水果一口酒,配上痒痒的春光,什么烦恼都没了。

· 不知道你有没有这种情况:工作压力大、感到心累,回家什么话都不想说,只想独自安安静静地喝酒。不知不觉大半瓶没了,然后就醉了。酒啊,还是和朋友一起喝的好。边聊天边喝酒,把不开心的事情说出来,让对方开心开心,互相"嘲笑"有时也是一种解脱,而且还不容易喝多。

好的"多场景"就是这样,像一个会玩的好朋友给你提议:Hi,我们去……吧!而你的感觉就是爽,因为你不用费劲想,你只要决定"好"还是"不好"就行了,就像你是大老板,下属给你一份提案,你只管审批,多爽!而这种状态,正是你买单的前奏。

作者深入分析了读者工作日、周末、假日的日程安排,合理地把产品植入看电影、野餐和小聚等场景中,充分激发了读者的购买欲。请注意作者是如何让读者不费脑的——为了让读者买酒配电影,他连要看的电影都帮读者找好了!为了说服读者去野餐,他还找了"珍惜短暂的春天"这样的理

激发购买欲望

由!

这款原本小众的酒品,在文案的"挑逗刺激"下3天内即宣告售罄,3个月后,应粉丝要求返场销售,成为该公众号的新晋热销单品。

 案例2 | 千层便当

互联网蛋糕品牌"糕先生",在福州成立不到两年,仅有7名员工,国庆节前上线新品,开放销售3小时内,销售额竟然迅速突破8万元,给团队打了一针强心剂!操盘者是品牌创始人林忠义先生,他告诉我成功的秘密武器正是——**多场景文案**。

> 产品:千层便当蛋糕,由奶油、芒果、千层皮组成的甜品,便当盒大小。
> 广告投放时间:9月底。
> 目标客户:年轻妈妈,以1至5岁孩子的母亲为主。
> 营销任务:在品牌公众号和老顾客微信群里,投放一组系列海报,说服顾客购买千层便当在国庆节吃。

林忠义先生告诉我,写文案前,他仔细思考了年轻妈妈国庆节会干啥。他发现,国庆节景点总是堵堵堵,而年轻妈

激发购买欲望

妈们也知道这一点,因此她们不出远门,多数人会这么安排:

周边游:一家人去福州周边景点郊游。

回老家:福州是福建省会城市,很多女性老家在宁德、三明、南平等,她们国庆节会回老家。

留福州接待老友:老家或大学老同学从外地来福州玩,需要迎接、招待他们。

加班:工作繁忙,国庆节也要干活。

林忠义先生进一步想,在这些场景下,为什么顾客需要吃千层便当呢?当他想通这个问题,系列海报文案已经呼之欲出了。

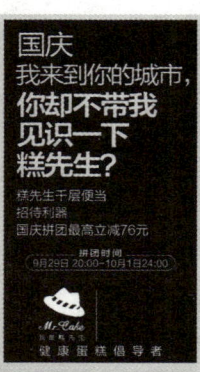

激发购买欲望

5个清晰的场景,覆盖了年轻妈妈国庆节的多个场景:

回老家难免见亲戚,手上总要拎点礼物,这个礼物通常是老家没有,只有福州有卖的——送千层便当。

老朋友来福州,必须请他吃点福州当地的美食品牌——千层便当。

加班很辛苦,很委屈,需要甜食安慰自己——吃千层便当。

一家人外出郊游,总要带点零食,也要给小孩备点吃的——带千层便当。

在家看剧,嘴巴闲着无聊——吃千层便当。

顾客读完的想法:这个主意好!那个也不错!先买再说!海报只通过糕先生自有公众号推送,没花一分钱媒体广告费,一天时间售出1200多单,营业额15.36万,对于当时还很小的糕先生来说,是一个很厉害的数据。

使用场景 | 实践练习

现在把"多场景"这个武器用起来,写出一段自己创作的精彩文案!

你的任务是卖这双超轻弹力鞋。

· 鞋面采用莱卡面料,鞋子轻薄,透气性能佳。

· 轻盈柔软得不可思议,它的单只鞋重量只有大约80克,穿上就像是没有穿鞋一样。

激发购买欲望

·这种莱卡面料不怕水,入水不会被泡坏,出水后水分会速干。

·可以360度卷曲折叠,PVC(聚氯乙烯)的鞋底柔软性优良,无论如何折叠弯曲,鞋子也不会变形损坏。折起来后,很小的包都能塞下这双弹力鞋,占空间小,方便随身携带。

你的目标客户是22岁至35岁职场人士,男女不限。你想想,他们在工作日、周末、小长假、年假和大长假里,有哪些时候正需要这双超轻弹力鞋?

合上书,把你的答案写在纸上,再回来看!

参考答案:来自一篇微信推文,为了充分激发读者购买欲,作者想出了8个使用场景!对照看看,你是否做得更好?

·临时去超市买点东西的时候,出去散步遛狗的时候,一脚蹬上就能出门。

·放一双在车里,替换下高跟鞋或者皮鞋,开车更舒适安全。

·久坐码字的人,需要在办公室准备一双这样的鞋子,替换下高跟鞋和皮鞋。简洁的款式,穿着开会也不失体面。

·在你穿累了高跟鞋,这双弹力鞋能随时拯救你于水深火热中。

·差旅途中坐飞机或者火车的时候,拿来当替换的鞋

子，可以舒缓脚部在旅途中的劳累，也比拖鞋更方便上厕所。

・做瑜伽、健步走、普拉提等运动的时候穿着也很舒适。

・在海边沙滩漫步的时候穿着，鞋口紧贴脚踝，沙子不容易灌进去。

・穿着这双鞋在海里游泳或者潜水、浮潜，避免赤脚被碎片或者礁石划伤。

总结

- "多场景"可以刺激购买欲，让读者想象到一天下来，他可以一次又一次地使用产品，不断获得幸福和快感，成为他生活中经常用、离不开的好物件！

- 想出场景的方法：洞察目标顾客一天的行程，思考他工作日、周末、小长假、年假和大长假会做什么，把产品植入这些场景里。

- 在工作日和节假日，人们的安排差异很大。在每个节庆前，我们要提前预判顾客的安排，自然地把产品植入进去，运用多场景文案激发顾客购买欲。

1.5 畅销

在介绍这个文案方法之前,我想先和你分享一个有趣的心理学实验。

社会心理学家阿希(Asch)做了这样的实验:让一位被测试者与另外 7~9 人(实际上是他的助手)一起坐在桌旁,他向他们呈现 3 条长短不一的线段(下面右图),要求他们判断:哪一条和下面左图的 X 线段一样长?这个测验是不是简单得可笑?且往下看。

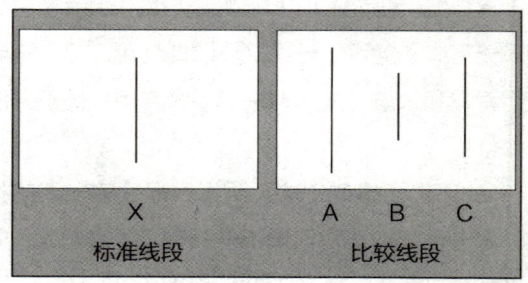

回答时,每个人轮流大声说出自己的判断,而真实的被测试者在倒数第二个位置上。在大多数试验里,每人都说出同样的正确回答。但在几次预先确定的关键试验中,助手故意说出错误的答案。多次实验后发现,有 74% 的被测试者至少有 1 次从众,也就是在自己明知正确答案的情况下,随大流选了错误答案。

这很惊人,不是吗?**即使错得离谱,74% 的人也会从**

激发购买欲望

众随大流,这是一个很庞大的数字。如此普遍的心理,我们能不能用它来做营销?当然可以!**当我们明示或暗示产品很畅销时,读者就会情不自禁地更想购买。**描述"畅销"是非常强大的文案方法,它既能激发购买欲望,又能赢得读者信任,这样能一箭双雕的方法,并不多见。

假设你在淘宝,你搜索一款产品,有两家店都在卖。一家销量很高,好评如潮,一家卖得很少,评论就几条,你会买哪家?多数人都会买前者。实际上,很多人搜索后,都会按销量由高到低排序,只看排名靠前的商家。

畅销 | 使用方法

如果你在大企业,描述"畅销"就比较简单,列出自己的销量、用户量、好评量等数据,比如"530972位美丽女性已拥有""连续27年除湿机销量领导者""全网热销30万台",就能让读者更想买。

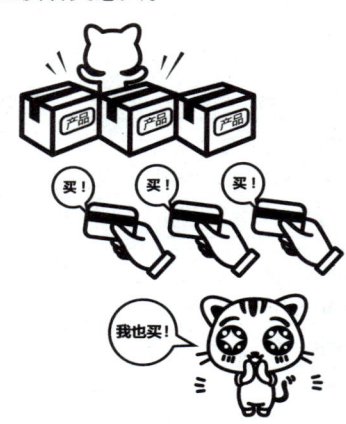

如果你在中小企业，直接列出销量数据，就会显得很寒酸，我们可以换个思路，**描述产品热销的细节现象，比如卖得快、回头客多或产品被同行模仿，营造出一种火爆销售的氛围，同样可以让读者更想买！**

— ☆ 畅销 | 精彩案例 ————————————

📍 案例 1 | 另类的行李箱

这几年，出国游持续火热，行李箱的销量也水涨船高。在电商平台上，各品牌的竞争可谓"惨烈"，一搜"行李箱"，众多低价口号映入眼帘，"底价再低，亏亏亏，88 元""限时特惠，49 元，只亏 3 天"……送箱套、贴纸等礼品更是不足为奇。在"低价军团"中，有一款行李箱十分另类，**款式普通，售价 298 元之高，却长期占据销量榜前 10**，不禁让人好奇：它是如何做到卖得贵，又卖得好呢？

品质之作　不惧模仿
汉客镇店之宝硬箱
·上架半年被同行争相模仿·

高销量　上架半年累计销售 19 万件
高人气　近 15 万人次高人气收藏
高评价　超 7 万买家的好评见证

·天猫累计销售 190081 件
·最近一个月售出 8607 件
·累计人气收藏达 156963

一 激发购买欲望

在搜索展示图里,该品牌就突出"镇店之宝,热销19万件",让读者好奇:这款箱子到底有什么特色?进入详情页后,读者看到高销量、高评价的具体数字,对产品产生了更浓厚的兴趣。对读者来说,旅行箱一买就要用好多年,旅途中一旦掉了轮子,拉断拉杆或是箱子破洞了,会非常麻烦,因此,即使是节俭的人也不敢乱买。

如果产品只卖几十元,还送这送那,虽然看起来挺便宜,却让很多人质疑是否耐用。这款产品虽然较贵,但详情页不断强调销量高、评价好,材质特别耐用,经得起各种暴力测试,让人感觉更放心。"卖了这么多,质量应该不错。""既然要买,就要买好一点的。"带着这样的想法,很多读者点下了购买按钮。

案例2 | 小众蜜粉

美妆公众号编辑莉莉要推广一款日本进口蜜粉。这款产品上妆特别服帖,不容易脱妆,还有控油补水的效果,品质媲美价格高一档的大品牌,性价比很高。

问题来了——文案该怎么写,才能让人相信这些优点呢?很多女性已经有了自己常用的蜜粉品牌,如何"策反"她们,让她们愿意尝试新品牌呢?

前不久,景甜素颜直播时也出现了它的身影。杨幂、

激发购买欲望

李小璐、日本的不老仙妻水谷雅子……好多明星、红人都在用它。这盒蜜粉人气高到什么程度呢?举个例子来说,它会被放上日本雅虎网,没在预订期买到它的人,会争相出价拍卖购买。说它是日本美妆界的断货王,一点也不夸张。

自1991年起,这个品牌每年都会推出一款独特主题的限量蜜粉,1991—2009年是米兰女神主题。从2010年开始,盒盖上变成了不同的小天使图案。

这款限定蜜粉只在当年量产一批,仅预约发售,需要提前半年预订。

很多时候,还没上市它就已经处于断货状态了。可以说,如果错过了当年的天使蜜粉,接下来的一整年都会很懊悔。

如果直接和大品牌比销量,只能落败。但作者找到另一条体现"畅销"的思路——卖得快。读者看到这款产品要"争相出价拍卖购买"时,立刻感到很好奇,想要一探究竟。文案不断强调产品畅销,引导读者这样想:能在美妆品牌林立的日本卖爆,产品必有过人之处。带着这样的想法,读者难以抑制地心里"长草"了。

中小品牌用"畅销"时,往往需要"以偏概全",突出描绘某一次或几次的畅销现象,给读者塑造全面畅销的印象。

激发购买欲望

案例 3 | 老赵烧饼

赵师傅有一手绝活——做烧饼。1995年,他创业开起了饼店,在15平方米的小店里卖葱油烧饼。烧饼皮脆味美,吃后唇齿留香,迅速聚拢了一批忠实的老顾客,在周边区域十分出名。赵师傅做饼20多年,儿子已长大成人,决定帮父亲在网上卖饼,在当地美食微信大号上投软文宣传,全市外卖配送。

小赵一度陷入焦虑。老顾客当然知道饼好吃,但是其他市民未必相信。各个美食品牌都宣传自己产品"好吃到哭",读者已经看麻木了。文案怎么写,才能让读者相信老赵的饼不一般呢?

老赵的饼店被称为"鼓楼一绝"。开店近20年,已成为当地必吃老店,不少人一家三代都吃他们家烧饼。

住在隔壁小区的琳婷今年32岁,从初中起就光顾老赵的饼店,这一吃就吃了18年。结婚后,她负责家里的烹饪大业。婆婆很挑食,经常抱怨她炒的菜不合胃口,唯独对她带回家的烧饼赞不绝口。如今,她5岁的儿子也成了新顾客。

王先生回忆,他高中时每周五傍晚放学固定光顾饼店,如今移居美国,还经常托朋友从国内带来。春节回家,他总会买回一大袋,从初一吃到十五,要过足嘴瘾!

像这样的老顾客数不胜数,老赵的儿子特意做过统计,

激发购买欲望

有 220 多名顾客每两周至少购买一次,十分稳定,他们最常说的评价是:"很香,隔一段时间就会很想吃!"

老赵只有单个饼店,论销量,肯定比不过那些连锁店,但是他有自己的特别优势:历史久、老顾客多。小赵机智地抓住这一点,**细致地描述老客人从小吃到大,吃了还要吃,描述烧饼在老客群体中非常畅销**,让读者好奇:这饼到底是什么味道,这么好吃,我也想尝尝!看到价格不贵,立刻下单购买。小赵尝试性地投了两个号,卖了 820 多盒烧饼,获得 600 多名新顾客,首次营销迎来开门红!

案例 4 ｜ 家政 APP

近年来,"请阿姨做卫生"成为一门大生意。多家家政 O2O 公司纷纷宣布融资,瞄准市场规模超过一万亿的家庭服务市场。

一家福建企业在行业耕耘已经 7 年,近两年发展迅猛,销售额位居前列。他们很清楚"畅销"是强大的文案武器,在产品介绍页开头就强调"服务遍布北上广深等 30 个城市,为 170 万家庭提供保洁服务,好评率高达 98%"。除此之外,他们还想了一招,通过一块抹布来体现"畅销",他们是怎么写的呢?

激发购买欲望

七色保洁布

地板清洁布、浴室清洁布、护膝布……

这一点，我们很骄傲。

我们特色的七色保洁布，

分区使用、干湿分离，有效避免交叉污染。

虽然一直被模仿，但，我们很乐意因为自己的贡献而提高了行业整体服务水平。

表面上只是在描述抹布，实质是想让读者"悟"出品牌的强大，毕竟，他们家可是"一直被同行模仿"的——半死不活的品牌谁模仿？只有强者才会让同行眼红，才会被模仿啊！读者潜意识里就会觉得：嗯，看起来这个品牌挺强的。

接着，作者没说"认准正品、谨防假冒"，这样说比较老土，也显得小气，而说"乐意提高行业服务水平"，进一步暗示"我们是市场领导者"，让读者感受到这家企业气度不凡，心中印象分加分，购买欲望自然更强了。

总结

- 心理学实验证明，74%的人会受从众心理影响。
- 利用人们的从众心理，明示或暗示产品"畅销"，不但能激发购买欲望，还能赢得读者信任。
- 大企业列出自己的销量、用户量、好评量等数据，体现自己行业领导者的地位，能让读者更想购买。
- 中小企业描述产品热销的局部现象，比如卖得快、回头客多或产品被同行模仿，营造出一种火爆销售的氛围，同样可以激发人们的购买欲。

1.6 顾客证言

这个文案方法同样利用了人们的从众心理，它同样威力强大，既能激发购买欲望，又能赢得读者信任。

当我们要买一款新产品，而我们从来没买过它时，我们很直接的想法是——看看用过的人怎么说？

所以我们会发微信问朋友，会点开网页里的用户评论，会看普通网民写的测评文章，如果都说好，并且说得真实可

信,我们就会情不自禁地下单。

顾客证言 | 方法运用

写顾客证言很简单:在品牌社群、售后评论中精选生动的顾客留言,用消费者真实的好评证明产品好。

收集证言不难,重要的是:挑选的证言,必须能击中顾客的核心需求。

核心需求,是指顾客花钱最想满足的需求,不满足他干脆不会买。比如充电宝的核心需求:电量充足;洗碗机的核心需求:洗得干净,我们选的证言要能击中这些核心需求。

激发购买欲望

◉ 反面案例

有一台以色列脱毛仪,售价 2600 元,在推广文案里引用了这些顾客证言:

@凉夏:包装精致,目前用了两次,才使用 3000 多发,30 万灯次感觉会用到天荒地老。

@小小懒虫:嫩肤效果明显,很喜欢。而且有 APP 可以连接提醒剩余量,很贴心,适合粗心的我,而且方便携带这点很贴心。

@开胃菜:灯头完全贴合皮肤,已使用两个月,效果显著,好用性价比高,相信以色列产的美容仪器。

@jaguarS:操作简单,能感到热热的但不痛,也不会影响皮肤状态这点很满意。

一个顾客会考虑花 2600 元买脱毛仪,她的**核心需求必然是脱毛效果好**,在她付款之前,她心里最想确认这些事情:这台脱毛仪多久能脱毛?能不能脱得干净?脱完几个月会不会反弹?然而,**作者选用的证言讲的是寿命长、APP 功能、方便携带等**,看完这些,顾客还是一头问号,购买可能性自然不高啦。

激发购买欲望

─☆ 顾客证言 | 精彩案例 ─────────

案例 1 | 杞程·水蜜杏 营销回顾

　　我的朋友孙正钊创办了杞程食材。今年夏天，他在全国调研了 8 个城市，发现青岛产的崂山蜜非常有特色：首先，特别甜；其次，水分很足，可以媲美水蜜桃。他给产品起了个很妙的名字——水蜜杏。正式上市后的第一周，平均每天卖出 100 盒左右，孙正钊并不满意，他决定在公众号上再发一篇推文。

　　拿着这颗沉甸甸圆溜溜的果子，轻轻剥开外面毛茸茸的果皮，轻轻咬下一口，软糯的果肉与牙齿相遇的那一刻，爆浆一般的香甜果汁充盈口腔。

　　这是他描述水蜜杏口感的文案，生动地融入视觉、触觉和味觉感受，但他还是觉得太单薄。"不够惊艳，不够让人有马上要买的冲动！"

　　他苦苦思考着，突然，一个灵感闪过他的脑海，"为什么不请别人帮我写？"他在品牌社群发出征集令，筛选出 10 名专业吃货，为他们颁发"品审团证书"，请他们品尝水蜜杏，并要求围绕颜色、大小、口感、包装 4 个方面，写下 100 字左右的评价。

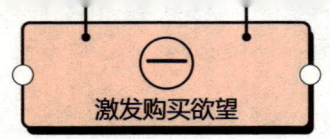

激发购买欲望

洗干净的蜜杏,挂着水珠,比高级限量版的腮红更自然的橙粉色,散发着阵阵香气。牙轻轻地咬破洗干净的果皮,果汁就争先恐后涌入口中,迅速地席卷了味蕾。酸酸甜甜,更多是甜的味道,让人觉得这个初夏特别的美好。没想到一个果子下肚后,还有一丝惊喜的酸味在舌边徘徊,让你忍不住食指大动,想再来一个。

全家都爱吃的水蜜杏,包装高大上,自己吃或送人都高端大气上档次。黄里透红,色泽鲜艳润泽,个大皮薄,果核小,果肉细腻多汁,唇齿留香,好吃得根本停不下来!我家吃货妹妹每次都要吃三个以上才能解馋,好吃再买!

把软的杏子挑出来,洗净转盘,拿出一个最软的轻轻咬了一口,软绵绵的,汁儿迫不及待地破皮而出,在整个舌尖欢腾,再像吮吸熟柿子那样吸一口杏肉,又仿佛吃了一勺杏味奶昔一样,柔和细腻,每一口都是一种惊喜,让人停不下来。

之前吃觉得水分不足,但也一天就干了一箱,今天又开了一箱,果然放了几天味道赞得不行。甜味更足,水分更多,香味更浓,口感更糯。觉得之前那箱急着吃完有点暴殄天物!

原本想吃一个尝尝味道,结果就是停不下来的节奏(耗时18个小时,全部干掉);真的很甜,全是自然的甜味,整箱吃完没有一个酸的,口感甜糯,汁水也不少。

激发购买欲望

只看第一段文案,就像作者独唱,再精彩也势单力薄。展示5段顾客证言后,就像舞台上突然出现乐队和伴舞,开始协力合奏,让音乐更具感染力,也更让人相信这水蜜杏真的好吃!孙正钊把这5段证言加入推广文案,发布在品牌公众号上,当日零售订单量为252单,是之前的250%以上,之后的一周内,每日订单也保持在150单以上,获得了很好的推广效果。

案例2 | 玻尿酸原液

广州一个新兴化妆品品牌推出玻尿酸原液,主打"补水保湿,百搭促吸收",引导顾客把原液滴到爽肤水、精华液、乳液、面霜里,加倍补水,促进吸收,打出"千分之3提纯配比,500倍保湿力"概念。但是,单纯的成分说明还是缺乏打动力,读者想知道的是:涂在我脸上效果怎样?

这给营销团队出了个难题,每个人肤质不同,同一款产品,用在100个人脸上,有100种效果,谁也无法打包票啊!然而,借助消费者证言,这个难题迎刃而解!

@y★★★0:洗完澡先用爽肤水拍脸,然后加一滴原液到他们家的修护面霜中,第二天感觉自己重回18岁,满脸都是嫩滑的,我的手指都舍不得离开我的脸了。

@穗★★★a:很很很保湿,精

 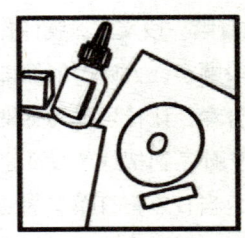

华乳液里加一滴这个原液,可以省好多精华和乳液。

@g***6:本来就是搭着美白精华用的,秋天毕竟有点干,意外地发现和修护面膜、美白精华用的话,效果太夸张,简直是刚从美容院出来的效果。

顾客证言可以帮你"作弊"。作者借用顾客证言,把补水效果描述得淋漓尽致,特别是那句"美容院出来的效果",一下子让人对产品充满期待,再看到产品只需100元出头的价格,很多女性毫不犹豫"剁手"。这个品牌这两年销量火爆,我联系到他们,想把他们的某篇文案选作范文分析,营销负责人婉拒了我,表示模仿者已经很多,不希望自家的文案被太多人知道。

启发:所有作用于人身上的产品,都很难对效果打包票,比如教育、护肤、化妆品、美食、按摩器、美发护发、脱毛仪等,这时候,你可以用顾客证言来打动顾客。

激发购买欲望

总结

- 顾客证言：精选几条生动的顾客留言，用人们真实的使用感受证明产品好。
- "顾客证言"既能激发顾客购买欲望，又能增强顾客对产品的信任感，是少数能"一箭双雕"的文案方法，威力强大。
- 顾客证言成功关键：挑选的证言，必须能击中顾客的核心需求。
- 所有作用于人身上的产品，我们都很难对效果打包票，但我们可以用顾客证言来表达。

赢得
Earning
读者信任
Readers' Trust

【权威转嫁】

【事实证明】

【化解顾虑】

大卫·奥格威 David Ogilvy

消费者不是低能儿,她们是你的妻女。若是你以为一句简单的口号和几个枯燥的形容词就能够诱使她们买你的东西,那你就太低估她们的智能了。她们需要你给她们提供全部信息。

2.0 赢得读者信任

你读广告时,会轻易相信它所说的吗?

当然不会。

那么,当你写文案时,你会提醒自己:读者不信任我,我必须证明给他看吗?

常常忘了,对吧?

赢得顾客信任——这一步非常重要,但很多人写文案时不做这一步,或只是随便写一点。

随处可见这样的文案:

创办两年的美妆品牌,新品上市文案里主打产品功效,宣传"白皙皮肤,深层滋润"等,紧接着就上优惠:凡购买精华、眼霜享8折优惠,即刻拥有双倍积分。"赢得顾客信任"的文案,一个字都没有。顾客肯定会疑虑:这品牌我都没怎么听过,它真能美白吗?真能深层滋润吗?

某国产电器品牌,主打除湿器售价1300多元,除湿功能强大。这个品牌并不知名,只写了"上万家庭的除湿选择"和"国家高新技术企业",没有其他证明产品品质的文字,读者能放心掏出1300元给他吗?

一个付费音频课程,声称能教你读懂经济学,运用经济规律解决人生困扰,但是,老师的资历只写着"某某读书会发起人、经济学专家、新浪博客人气博主",你愿意给他199元,并且花10节课时间去学吗?

赢得读者信任

站在顾客角度，我们很容易发现："不信任"几乎就意味着"不买"。绝大多数人都有这样的经历：产品拿到手，才发现没有广告里说的那么好，失望！读者需要感受到对你有充分的信任，才会愿意把血汗钱交给你！

我们的任务：**用一个个无可辩驳的事实，证明我们的产品品质，赢得顾客信任，最终让他这样想：**

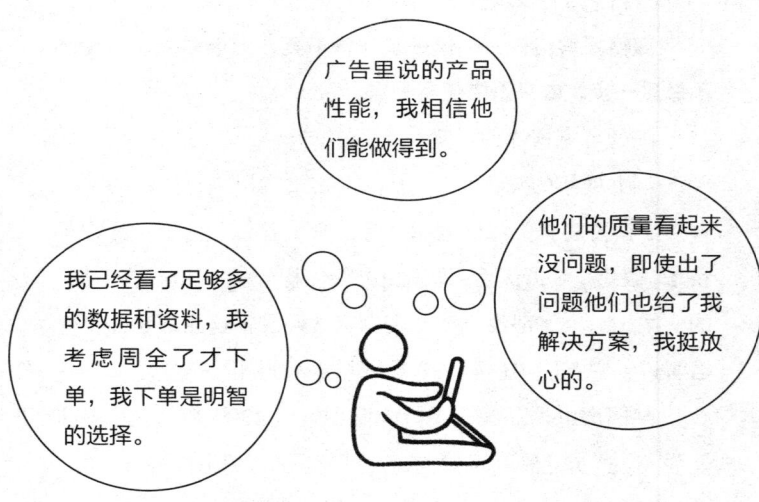

"激发购买欲望"时，我们常常调动顾客的感性情绪，回顾一下：感官占领——憧憬向往，恐惧诉求——恐惧，认知对比——厌恶和喜爱，使用场景——快乐幸福……

"赢得顾客信任"时，我们要给顾客一个个理性证据，通常不是自吹自擂，而是请"外援"为我们撑腰，比如用

实验结果说话，请权威机构背书……让读者对品牌有深入、立体的感知，充分熟悉并信任我们。

具体怎么做？我为你准备了3种方法，马上来看看吧！

2.1 权威转嫁

"这本书讲人性讲得特别好。"怀疑。

"扎克伯格读这本书研究人性，这是他今年读过的6本书之一。"开始相信。

这是一把非常好的锁。

公安局分析了2387起盗窃案，发现这种锁很少被撬开。

"这个马桶非常好。"怀疑。

"你知道吗？纽约和芝加哥所有的希尔顿酒店都是用这款马桶！"开始相信。

为什么第一句可疑，第二句可信呢？

赢得读者信任

我们买很多东西，衣服、沙发、食品……我们没有时间一一深入研究。买一把锁，多少人会研究锁的结构原理？买一个马桶，多少人会研究马桶的产业链？绝大多数人不会。那我们该怎么选呢？跟随权威。权威人士或机构那么专业，他们推荐的肯定不会错呀！

看，这是一个信任转嫁的过程！

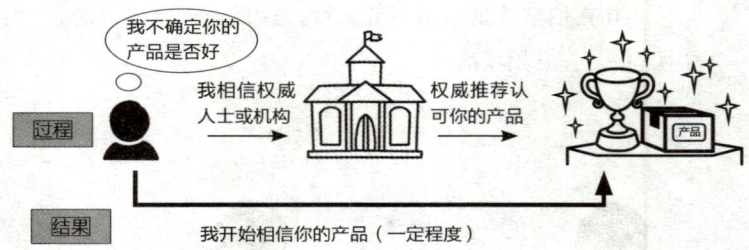

权威转嫁 | 运用方法

> 今天小编要推荐一种牙刷，外表看起来很平庸，但竟然有13项专利，而且一亮相就获得了红点设计奖！它的刷头是软毛的，很讲究。刷毛呈三明治形布局，并且是中间高、两边低的山形结构……

赢得读者信任

一篇牙刷推广文案提到"红点设计奖",但内文里没有其他文字做更深入介绍。作者觉得大名鼎鼎的奖项,在外行的读者听来很陌生,读完没什么感觉。产品明明有"权威",但是转嫁失败。

完整的"权威转嫁"要做两步:

1. 塑造权威的"高地位":无论你借势哪个权威,你一定要展示它是非常专业的、高级别的、影响力很大的,它在行业里举足轻重,所有人都希望获得它的认可!

2. 描述权威的"高标准":要求很高、很严苛,一般人无法获得,你得之不易!

赢得读者信任

☆ **权威转嫁** | 精彩案例

📍 **案例 1** | 金属旅行箱（权威奖项）

"Wow！"办公室沸腾了。

做旅行箱的创业团队收到喜讯，产品获得了德国 iF 设计奖！这个奖早在 1953 年就创办了，是业内公认全球最重要的设计奖项之一，曾颁奖给奔驰、宝马、IBM、索尼这样的国际巨头，能获奖真是让人振奋！设计师跳出传统旅行箱的设计套路，大胆地创造出一款科技感十足的金属箱，让人眼前一亮，终于勇夺大奖！

头疼的是营销部门。德国 iF 设计奖在业内大名鼎鼎，但是大众读者并不了解。在推广详情页里，怎样让他们感觉到这个奖很牛呢？

荣获德国 iF 工业设计大奖

德国 iF 设计奖作为世界三大设计奖之一，有"设计界奥斯卡"之称。在刚刚结束的德国 iF Design Award 2017 国际设计大赛评选中，我们的金属旅行箱在全球数千件参赛作品中脱颖而出，获得德国 iF 设计奖殊荣。

赢得读者信任

读者看到"世界三大设计奖",立刻感受到奖项含金量很高,要和欧美等发达国家产品竞争,看到"设计界奥斯卡"时,再次感受到奖项的权威和庄重。"在全球数千件参赛作品中脱颖而出",这让人感觉到奖项竞争激烈,获胜实属不易,打败了全世界这么多对手,品质应该不错!

这段文案完整地完成了"权威转嫁"的两步:**塑造权威的"高地位"和描述权威的"高标准"**,成功赢得了读者的信任。

案例2 | 贡米(权威认证)

老施,杭州人,从广告公司辞职创业,做起了大米品牌。吉林省通化县西江镇群山环抱,气候温润,他选择在这里种水稻,产出的稻米颗粒饱满,白若珍珠,柴灶焖饭,柔润可口。经过不断改进,产品获得了日本有机认证。凭着广告人敏锐的营销嗅觉,老施决定把这一点写进推广文案。大众读者都是外行,怎样让他们一看就知道这个认证很牛呢?

赢得读者信任

我们选用了中科院研发的"稻花香2号"和"平8"两种稻谷种子。今年,更引进了袁氏集团的袁米种子——小粒香,作为补充新品。这样好吃的东北大米一年只有一季,更长的生长周期保证了它的口感和营养。

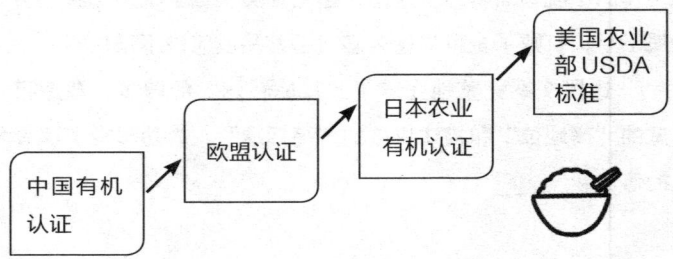

目前全球最高标准的有机,是美国农业部的USDA标准,100%符合有机。其次是日本农业有机认证,再接下去是欧盟农业有机认证,最后是中国有机认证。如果要拿欧盟认证,首先要有中国有机认证,要拿日本有机认证,前提是要有欧盟认证。

今年2月,我们的产品正式获得了日本有机认证。这也意味着我们可以向日本出口符合日本商检品质的东北大米。在此之前,我们已经拿下欧盟有机认证和中国有机认证。

这段文案略显啰唆,但是很清晰地表明了:全球有四大有机标准,他们拿到的是全球第二高标准的认证。虽然不是第一,但已经在欧盟标准之上,让人感觉品质有保障!或许读者一开始会担心:这个广告人做的大米质量到底行不行?读完这段文字,心里的石头基本落地了。

赢得读者信任

案例 3 | 植物洗发水（权威合作单位）

一位南方青年历经奋斗，终于进入一家世界 500 强公司，并获得中国区总监职位。40 岁时，已是大叔的他辞掉百万年薪，不"安分"地开始创业，专注研发植物洗发水。没有了大公司光环，他只是一名普通创业者，没有知名度，没有明星代言，一小瓶洗发水售价近 100 元，比超市常见的品牌贵了 3 倍多。他要如何写文案，才能让读者接受这价格呢？

他数次往返于全球顶尖的研究所——日本科玛大阪柏原研究院。熟悉的朋友应该知道，资生堂、雅诗兰黛、兰蔻等许多大牌护肤品里的"王牌产品"，其配方都诞生于这家研究所。

想和科玛合作，就要承受比普通公司贵好几倍的研发费用，摆在他们面前有两条路：

要么，用普通点的配方，省下的钱用来做营销、打广告，寄望一炮而红；要么，将绝大部分钱投入产品研发，下一步再考虑筹钱卖产品。

他们决定选择后者。"我们和科玛说，不仅要用最好的配方，而且还反向提出了一个苛刻的要求，植物来源成分要占到 50% 以上，我们不想做一款'假的'植物洗发水。"

赢得读者信任

读者看到日本研究院时,心里并不了解其背景,但是看到它的合作伙伴都是美妆大牌时,立刻感受到它的权威和专业,潜意识里认为这款洗发水的品质也是大牌级别的。这还不够,文案提到"苛刻的要求",进一步提升了产品的品质感,让读者觉得产品值这个钱,愿意考虑尝试购买。

这个洗发水品牌找了几十位网络红人帮忙推广,推广主题虽各不相同,但这段话始终雷打不动,成为获取读者信任的重要筹码。

● **案例 4** │ 希腊床上用品(权威大客户)

惠婷看着电脑屏幕发愁。她要推广一款希腊床上用品,定位高端,一个枕头都要近 1000 元。她看着品牌方资料找不到灵感:12.3 万平方米的工厂,25 年的历史,EFQM(欧洲质量管理基金会)颁发的金奖,高级椰果纤维,羊毛,棉制原料……在竞争对手的宣传文案里,这些都是老生常谈。如何写出新鲜感,让读者迅速感受到品牌的实力呢?

> 奢侈酒店为了客人们的舒适睡眠一向都很下功夫,所有床品尤其是枕头的选择,都必须是最高水准,让人们在一张陌生的床上都能舒缓压力,轻松入睡。如今不仅是阿联酋国家航空头等舱,还有希腊希尔顿、巴塞罗那丽思卡尔顿……这些奢侈

赢得读者信任

> 酒店床品的供应商都是一个来自希腊的家居品牌CC。
>
> 当年,乔治·克鲁尼和美女律师阿玛尔的婚礼引人瞩目,女方把婚礼选在了阿曼运河豪华酒店。这家古典气息的浪漫酒店,选品相当讲究,床上用品全部都来自CC。

惠婷仔细阅读了品牌的大客户名单,发现国际高端酒店、航空公司都选用该品牌的产品。 惠婷并不满足,继续顺藤摸瓜,搜寻这些酒店、航空公司接待过的贵宾,终于找到乔治·克鲁尼,借用他来给自己免费"代言",让读者觉得"好莱坞大明星都睡这个牌子呢!"这个"神来之笔"给文案注入了更强的打动力,帮助惠婷超额21%完成了公司既定的销售额目标。

案例5 | 排毒果蔬汁(明星客户)

北京,一个创业团队研发出一套排毒果蔬汁,号召女性每月拿出3天不吃饭,只喝18瓶果蔬汁,排毒、减脂、美肤。果汁排毒法最早风靡于美国,由他们引入国内,迅速聚集了一批海归、高级白领顾客。当团队想向大众推广时,他们犯愁了:没有权威的营养学家站台,没有大明星代言,该怎么让一个陌生女性接受3天不吃饭的挑战,愿意试一试自己的产品呢?

赢得读者信任

维密超模 Doutzen Kroes 说:"你的身材,70% 由食谱决定。"高营养、低热量的果蔬汁一直是超模们的必备食物。

有些超模甚至只吃果皮和蔬菜榨的汁,这种饮食方式也得到 BBC 纪录片《进食、断食、长寿》的理论支持:定期轻断食只喝果蔬汁,已帮助全球数百万人成功减脂。2015 秋冬的伦敦时装周,有时装编辑专门拍了后台超模们的餐单,发现这里堆满了蔬果汁。维密天使大秀后台也准备了 500 瓶 Detox Juice(排毒鲜果汁)!

一直以好身材著称的女星 Blake Lively 以及维密超模 Miranda Kerr 都是果汁排毒法的忠实粉丝,"每天我都会来一杯,里面有芹菜、小黄瓜、羽衣甘蓝、西生菜、菠菜。大量的绿色蔬菜很重要,能让你的头发和皮肤发光,看起来很年轻。"

很多女性读完心动了。她们羡慕超模的身材,也认同饮食是关键,看到超模"揭秘"自己的食谱,自己也跃跃欲试。

初创团队显然请不起世界超模来代言,但他们很聪明地这样布局文案,"超模喝排毒果蔬汁——我们是中国排毒果蔬汁领导品牌——想喝就试试我们。"软文在数十个微信时尚大号投放,在北京、上海、广州掀起一阵轻断食风潮,品牌销量逐年攀升,目前已获得企业家江南春、影星 Angelababy 的投资。

赢得读者信任

总结

- 权威转嫁的线索：权威奖项、权威认证、权威合作单位、权威企业大客户、明星顾客、团队权威专家等。
- 权威转嫁成功的关键因素有两点：塑造权威的"高地位"、权威设立的"高标准"。
- 如果找不到权威来推荐你的品牌，你可以描述哪些权威认同你的产品理念，间接支撑你的产品品质。

2.2 事实证明

如果你的产品在材质上有优势，比如"坚固耐摔""柔软舒适""韧性强，不易破损"等等，你该怎么让顾客相信？

如果我们直接写出这些优势，却没有给出解释和证明，读者肯定会怀疑啊，心想：切！你是卖家，你当然这么说啦！

我们该怎么证明产品的材质优势呢？

赢得读者信任

范例 | 奥格威与劳斯莱斯

20世纪60年代，劳斯莱斯推出新车银云（Silver Cloud），并请广告大师奥格威先生撰写广告文案。这辆车的一大优点是隔音效果好，驾驶时非常安静，让你心如止水，享受私密的空间。

如果文案写的是"宁静无声、尊贵享受"之类的，读者看了后还是会怀疑：真的有那么安静吗？奥格威写了一句文案，有力地证明了这一卖点，并成为他人生中最引以为豪的文案，他写了什么呢？

> 这辆新款劳斯莱斯时速达到96公里时，车内最大的噪音来自电子钟。

这真让读者惊讶。开车的人都知道，时速96公里可不低，总会听到发动机的轰鸣声、公路上的嘈杂声，而开这辆车最大的声音只是钟声而已！**车内有多安静，已经不言而喻。**这则广告只刊登在两家报纸、杂志上，花费2.5万美元，却引起了很大反响，随后，竞争对手福特汽车花费数百万美元，推出新的广告活动，声称他们的车比劳斯莱斯更安静。

事实证明 | 运用方法

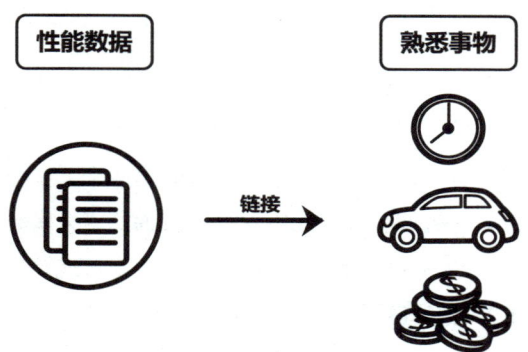

第一步：收集性能数据

想突出豪车的安静，就先搞清楚车内音量的精准数据，比如 25 分贝或 32 分贝。

第二步：链接到熟悉事物

消费者是外行，他对数据不敏感，光讲数据没法打动他。

因此，我们要把数据链接到他熟悉的事物上，比如奥格威提到的电子钟。一个空气净化器的噪音是 32 分贝，文案这样描述："只有细微均匀的风声，伴你入睡。"有多安静，读者已经清楚感受到了。

赢得读者信任

☆ **事实证明** | 精彩案例

📍 **案例 1** | 手工洁面皂

一家日本企业专门研究手工皂,宣传卖点是"用它洗脸特别干净",而这正是女生们需要的!谁不希望远离毛孔粗大,鼻尖黑头,把脸洗得白白净净,看起来又年轻又精神呢?然而,在长期的广告宣传之下,洗面奶成为多数人的洁面选择,大家对这款手工皂的洁面能力心里没底。

如果文案直接写:"我们比洗面奶更好!"只会激起读者的反驳,"凭什么这么说?"这时,我们就必须用事实来证明。

> 这块珍珠皂的泡沫啊,像鲜奶油一样绵密细腻有弹性,拿起泡网轻轻一搓,手上立刻就是满满一大坨。Q弹厚实的程度都可以拿来凹造型了。
>
> 这些泡沫直径细小到只有0.001毫米,要知道,人体的毛孔直径是0.02毫米~0.05毫米。所以它能深入到毛孔里,把油腻的脏东西完全带走,同时美白保湿成分又能充分作用在肌肤上。

赢得读者信任

印象中，洗面奶产生的泡沫相对蓬松，里面有不少颗粒状的气泡，而作者贴了一张 gif 图，展示这款手工皂产生的泡沫非常绵密，用勺子舀起一勺，几乎看不到气泡，就像一坨浓浓的奶油，如此细腻的泡沫，让读者感到惊讶，也更相信它的洁面能力。很多女性读者表示，看到那张 gif 图"一下就心动了"，或是"被戳中了"。

光说泡沫直径小到 0.001 毫米，读者不会有感觉，把数据链接到鲜奶油上，读者一下子被打动了，这就是事实证明两步骤的用法！

案例 2 | 柔软的床垫

一家广东床垫企业在经营中发现，尽管传统观念认为睡硬床好，但是越来越多的人喜欢睡软床，觉得睡得更舒服，睡眠质量也更高，如果睡硬床，反而"一早起来浑身都疼"。

这家企业研发了 3 个月，终于生产出一款非常柔软的床垫，能有效地承托身体各部位，使之平均受力，躺上去特别舒服。但是，当他们做电商产品的详情页时，却犯愁了：线下卖场售卖时，可以请顾客躺上去试睡，床垫的柔软度不言自明，但是，当他们在网上销售时，凭什么让人家相信床垫真的很软呢？

赢得读者信任

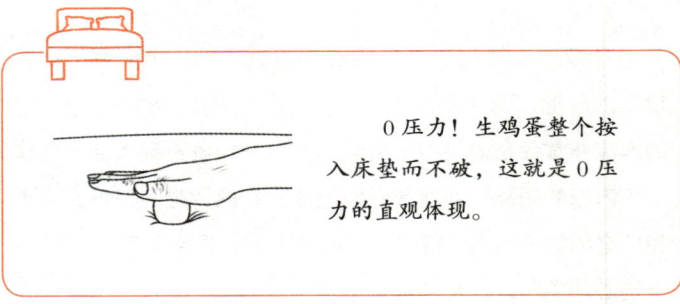

0压力！生鸡蛋整个按入床垫而不破，这就是0压力的直观体现。

这床垫有多软已经无须多说了。文案作者回忆，最早自己也想展示床垫柔软度的相关数据，但发现读起来很乏味，在阅读了大量经典广告后，他决定学习前辈用事实证明，**他曾经试过把乒乓球、矿泉水等各种东西压进床垫，最终发现生鸡蛋震撼力最强。**这款产品以"柔软舒适"为主要卖点，上线3个月后，月销量就突破了7000件，成为这家企业新晋的拳头产品。

案例 3 ｜ 纯棉卫生巾

深圳，软件产业基地。

张致玮和他的好友创办了轻生活卫生巾，发现行业里一个不为人知的内幕：所谓"棉柔"卫生巾其实不是棉花做的，而是化纤＋黏合剂，虽然对人体健康没什么伤害，但是肌肤敏感的女生用了，会起小红疹子。

赢得读者信任

于是他们开发了纯棉卫生巾,敏感肌的女生可以放心使用,而且更舒适,吸水性更强。让他为难的是,棉柔卫生巾和纯棉卫生巾看起来差别不大,摸上去也差不多,似乎找不到任何事实证明自己用的是纯棉,"用料天然优质"的卖点无法让人相信,这该怎么办?

『燃烧对比』

○ 纯棉表层燃烧后为灰烬

○ 棉柔因有化纤物,燃烧后为焦块

一把火烧过,差异一目了然。生硬的焦块让人抵触,从而更想买纯棉卫生巾。强有力的图文展示背后,是张致玮多次与研发专家讨论、验证的结果。

同理,一款牙膏能强力清除口腔细菌,但是,刷牙前后,牙齿表面看起来差别不大,怎么证明细菌被清除了呢?营销人和研发专家沟通后,想出这么一招:给患者牙齿涂上菌斑指示剂,有菌斑的地方会呈现紫红色,刷牙后再涂,紫红色变为无色了,菌斑已除证明完毕。

这是另一种事实证明的方法:**当产品功能无法被直接**

赢得读者信任

证明时，我们可以做各种物理、化学实验，用火烧、水泡、冰冻或使用化学试剂造成明显差异，间接证明产品的功能。

一、事实证明 | 实践练习

市面上常见的纸巾，大部分是木浆制成的。一家公司开发了竹浆纸巾，选用四川竹乡沐川的优质慈竹制成，含有"竹琨"成分，能天然抑菌，并且不加漂白剂，女性和宝宝使用时，对身体无伤害，更健康。

怎么证明纸巾真是用竹子做的呢？作者列举了两个事实：纸巾呈现自然的竹质纤维淡黄色，闻起来有一股淡淡的竹香，让读者觉得比较可信。

而这款纸巾最重要的卖点是"沾水不破，擦拭无纸屑"。这还真是大家都需要的！大家都习惯用纸巾擦鼻涕，擦脸上的汗，有时会在脸上留下"纸屑"，被别人看到别提多尴尬了。当妈妈为宝宝擦屁屁时，如果留下纸屑，容易让宝宝局部红屁股，感觉不舒适。问题是，怎么证明这个卖点呢？

请你拿起"事实证明"这个武器，写一段文案，打消读者的疑虑，请你合上书，现在就写。

参考答案：最直观的方法是直接测试。把竹浆纸巾沾上水，在手背上连续擦拭，验证"连续擦拭10下不掉屑"，并展示这一过程的 gif 图，让读者信服。你也可以同步拿一张普通纸巾来测试，展示不少纸屑粘上手背，通过对比让

读者更喜欢你的产品。

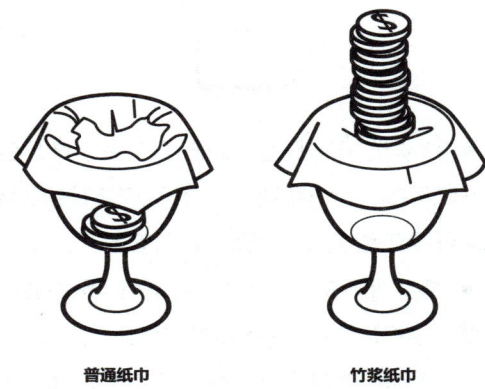

普通纸巾　　　　　　竹浆纸巾

让人意想不到的是,纸巾文案作者展示了一个更震撼的事实:他把竹浆纸巾和普通纸巾弄湿,罩在高脚杯上,然后一枚一枚地往上叠一元硬币。普通纸巾叠上两个就破了,**而竹浆纸巾叠了 13 枚硬币还没破,毫无争议地证明了自己的坚韧度。**很多读者看到后心里想:这纸巾的韧性已经接近布啦!

作者是怎么想出这个实验的呢?就是用事实证明的两步骤想的:

> 第一步:向研发人员确认纸巾弄湿后,中央区域能承受的质量为 82 克。
> 第二步:找到熟悉事物一元硬币,每一枚的重量为 6.2 克,纸巾最多能放 13 枚,再多一枚就要破了。

于是，这个令人震撼的实验就诞生了。

总结

- 事实证明的原理：列出一个关于产品的事实，不吹不黑，公正客观，读者可以亲自验证真伪，以此来证明产品卖点，让读者感到信服。
- 事实证明的方法：先搞清楚产品性能的精确数据，再将这个数据链接到熟悉的事物上。
- 当产品功能无法被直接证明时，我们可以做各种物理、化学实验，用火烧、水泡、冰冻或使用化学试剂造成明显差异，来证明产品的功能。

2.3 化解顾虑

当你用上畅销、顾客证言、权威、事实证明这4种方法后，你的文案就会非常有可信度。看着自己的作品，你可能感觉已经很到位了，读者一定会放心购买。

且慢！其实，读者还可能纠结、怀疑，甚至走人呢！

你可能会问："我已经写得这么详细精彩了，他们到底还在担心什么？"

赢得读者信任

即使你把各种文案技巧用得天衣无缝,读者还是会担心这3类问题:

1. 产品问题:产品收到了,我不满意怎么办?没有广告上说的那么好,怎么办?用一段时间坏了,怎么办?

2. 服务问题:邮费、安装费谁来承担?购买的大件商品,是否包含送货上门服务?

3. 隐私问题:购买情趣用品、排卵试纸等隐私产品后,送货时是否会被别人发现?

这些问题就像悬在心里的石头,不落地不舒服。聪明的营销人懂得主动提出这些问题,主动化解,让读者感觉自己毫无风险,特别放心,从而愿意掏钱下单。

范例 | 皇家红宝石葡萄柚

弗兰克是一位农场主,在美国得克萨斯州种葡萄柚。多年来,他一直使用直邮营销,获得了一批稳定的顾客。有了客户基础,他开始在报刊上投广告,宣传他的"皇家红宝石葡萄柚"。他形容"果实呈耀眼的宝石红色,甜美多汁。

赢得读者信任

不像其他柚子那么酸,有种自然香甜""重1磅以上的大柚,饱满多肉,皮薄漂亮,无凸起无杂色",他表示,只有4%~5%的葡萄柚,才有资格称为皇家红宝石葡萄柚。弗兰克售卖一箱16至20个柚子,希望读者立刻下单。

弗兰克的文案十分诱人,也很有说服力。但是他最大的问题是"信任"。 由于自己没有知名度,读者难免要担心:这品牌没听说过,会不会骗我呢?如果柚子没那么大怎么办?没那么好吃怎么办?如果弗兰克不解决这些顾虑,不少读者就会陷入纠结,最终放弃购买。

 弗兰克
美国得克萨斯州
农场主

> 让我寄给你一箱装有16到20个预付过的皇家红宝石葡萄柚。把其中4个放入冰箱,直到完全冷却,然后再把它们切成小块,让你的家人尝尝这种不同寻常的水果。
>
> 你来判定,这是不是我所说的那种皇家红宝石葡萄柚。你来判断,这种皇家红宝石葡萄柚吃起来是不是有我所承诺的那种奇妙滋味。
>
> 你来评判一切。我很自信,你和你的家人会想要更多这种超级好吃的水果,并且要求我定期供应。如果这4个皇家红宝石葡萄柚让你说了声"不错"的话,就留着剩下的水果吧。不然就把那些没吃过的水果寄回给我,邮费我出,你不欠我一分钱。
>
> 记住,你什么都不必支付,只需验证这有史以来最好的葡萄柚的味道,甚至连验证味道的费用都是由我来承担的!

赢得读者信任

弗兰克提供货到付款服务，读者吃了满意再付钱，不满意可以全额退款，吃掉的柚子算送的，不要钱。这就完全化解了顾客的风险，也显示出他对自己柚子的强大信心。

很多新品牌推广时，会送顾客一小份试用装，顾客先用试用装，不满意再退回正装，拿到全额退款，这也是很好的售后服务。弗兰克用了类似的方法，但他的措辞更高明，他把这种方式形容为"什么都不用支付，只需来免费验证""费用由我承担"，读者几乎找不到拒绝他的理由。在《华尔街日报》刊登广告后，弗兰克收到了大量订单，陆续获得8万名顾客，小公司也发展成几百人的大公司，这篇文案功不可没。

☆化解顾虑 | 精彩案例

📍案例1 | 周到的沙发售后

很多人习惯网购，买沙发也喜欢上网找。选定款式后，顾客开始关心售后服务。有些商家写得很简单：

- 包邮寄送；
- 确认订单后，急速发货；
- 不满意全额退款。

赢得读者信任

读者看完后还是会纠结：货是到物流站，还是到家里？如果要从物流站送到家，还要收费吗？沙发用了几年坏掉了怎么办？

读者当然可以找到客服咨询，但这就显得很麻烦，影响到购物心情。

而一些有经验的金牌卖家是这样写的：

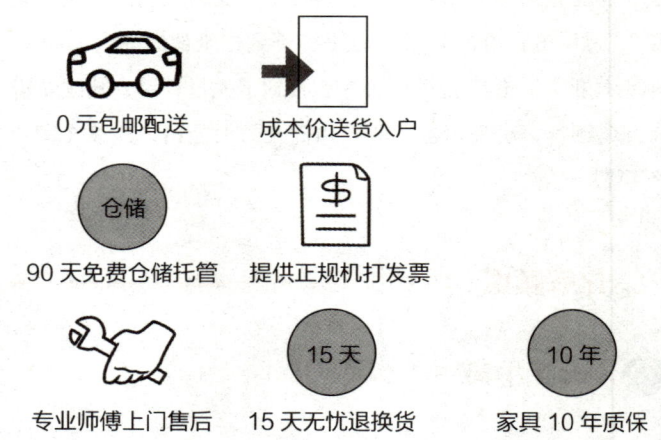

一段话把读者的顾虑都打消了，甚至想到了读者可能忽略的事情：如果装修进度拖延，他可以把沙发免费寄存在仓库里，等装好再搬进去，这不但体现出服务周到，还让读者感觉到这卖家很有经验，一看就是卖过很多产品、很会服务的商家！读者更愿意在这种店下单。

赢得读者信任

📍 **案例 2** | 周到的行李箱老板

王强（化名）父亲经营着一家行李箱制造工厂。2015年，他决定利用父亲的货源，在网上开店卖箱子。他展示了一张 gif 图：汽车车轮碾轧过行李箱后，箱子很快复原，看上去毫发无损，有力地证明了产品质量。

但是，王强的店仍是市场新面孔，读者还是会担心：如果我买回来，感觉不满意怎么办？实际没那么坚固，用坏了怎么办？王强给出了令人满意的答复，他写了什么？

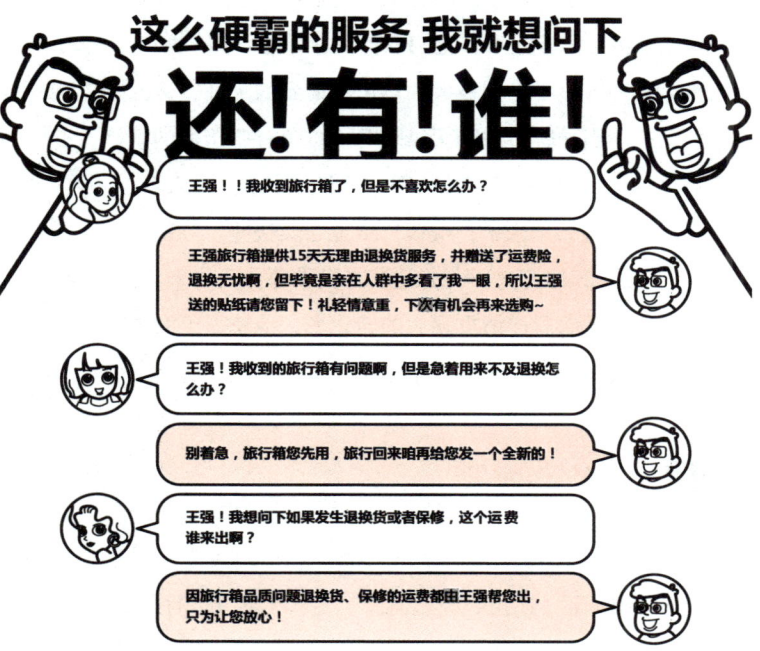

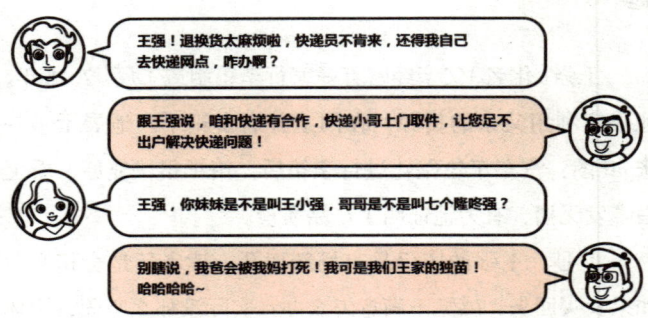

　　王强不但提出免费退换货，免费保修，还主动表示可以赠送贴纸，承担运费，上门取件，让顾客可以"躺着"享受售后服务，显示出他极大的热情和周到的关怀，让人感觉特别贴心。当顾客考虑购买风险时，难免有些担忧的情绪，王强拿自己名字来开玩笑，一下子活跃了气氛，让人会心一笑，下单时没那么紧张了，掏钱自然也会爽快些。

　　王强2015年才开始做电商，在大部分人看来为时已晚，但是，凭借电商详情页强大的转化率，他获得了大量订单，如今已能做到月销两万多个箱子，令人刮目相看。

案例3 ｜ 情趣用品

　　情趣用品已成为一个巨大的产业，购买前，读者除了担心质量问题，还担心隐私泄露。一个情趣用品的详情页上，

赢得读者信任

简单地写着"快递单无敏感信息,保护隐私"。

读者看完,心还是悬着的。这么重大的事情,怎么感觉卖家只是轻描淡写?万一被同事看到,会是多么可怕!寄到家里,被室友、父母或公婆看到,也尴尬无比啊!

一个情趣用品老卖家从业8年,页面是这样描述的:

我们和您一样痛恨隐私泄露!
三重保密包装,捍卫您的隐私!
快递单不写任何产品信息,只写姓名、地址、电话。

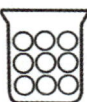 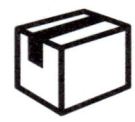 

内层黑色泡泡纸包裹,隐藏包装。　外层纸皮箱包裹,无产品信息。　快递单无产品名和寄出单位,没人知道里面是什么!

"痛恨""捍卫"带有强烈的感情色彩,让人立刻感觉到卖家和自己一样重视隐私问题,三重保密包装,让人感觉到货后不会轻易露馅。其实,这家的包装和别家没有什么不同,但是这样考虑周到的措辞让人更放心,读者当然更愿意在他这儿下单。

赢得读者信任

总结

- 化解顾虑的方法：主动提出读者可能担心的产品问题、服务问题和隐私问题，并给出解决方案，让读者更放心。

- 在文案中展现你对产品的强大信心、认真服务的态度，或轻松愉快地来个自嘲，都能提高读者下单的概率。

三 引导 Leading Towards

马上下单 Immediate Purchase

【价格锚点】

【算账】

【正当消费】

【限时限量】

德鲁·埃里克·惠特曼
Drew Eric Whitman

不管推销员多么机灵,不管广告多么漂亮,如果他们没法让消费者采取行动,那么在这上面花的钱都是没有价值的投资。

3.0 引导马上下单

用上前两章的方法,我们激发了购买欲望,也赢得了读者信任,我们来到文末。

很多营销人想:嘿嘿,顾客想要买,又相信产品好,这下总该掏钱了吧!于是,放上一段优惠文字,比如:

首发指纹笔记本
PU 黑 / PU 红 / 蕾丝黑 / 蕾丝粉
价格:399 元点击购买
首发活动:前 50 名下单即可赠送 DIY 套装小礼品。

选一款好口碑的经典洁面皂,也是护肤步骤里的重要一环。
纯子贵妇皂 100g 原价 288 元,特惠价 258 元!
全部顺丰包邮,国内 3 个工作日发货。

把公司促销政策搬过来,润色下语句,放上去,结束。

不解释价格是否合理,不帮读者分析购买的利与弊,没有煽动和号召。

想一想,你也是这样写的吗?

引导马上下单

千万别！这样写，相当于把快到手的订单丢掉！

我们切换视角，看看读者咋想。

看文案的大部分时间，读者都很休闲随意，一到文末，他开始紧张了！他开始认真了！因为他要做决定：我要掏钱买吗？

这可是个重要决定！他辛苦挣来的血汗钱，他不想随便失去！

刚才那种优惠信息太简单了，留给读者很多疑惑：

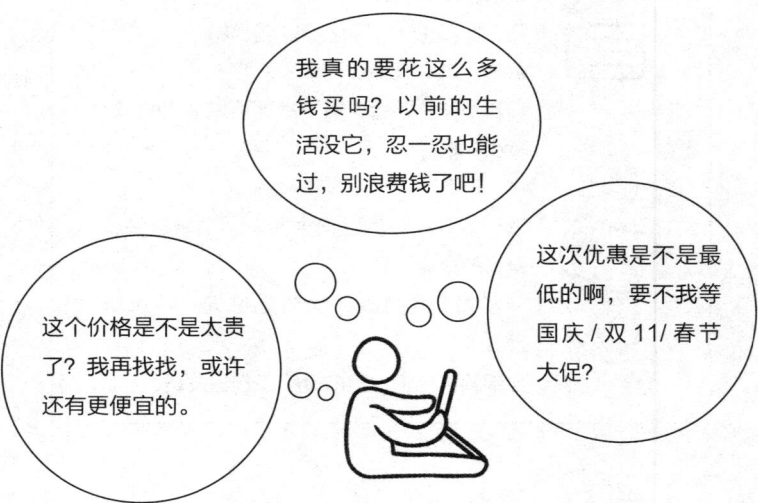

总结：没必要现在买！这事不急，可以拖啊！

心里告诉自己：再看看吧。关闭页面，走人。

读者忙工作，看剧，或找朋友吃大餐去了……你觉得：

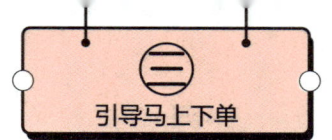

引导马上下单

他还会记得你的产品,特意返回来买吗?

很多时候,再看看=再也不看

你费尽心机激发欲望、赢得信任,眼看读者就要下单了……他却转身离开? No!不可以!

为了帮你完成"临门一脚",我为你准备了4种非常好用的方法,引导读者别拖了,马上、现在、立刻下单!

想象一下,你的文案充满诱惑力和煽动性,引导读者这样想:

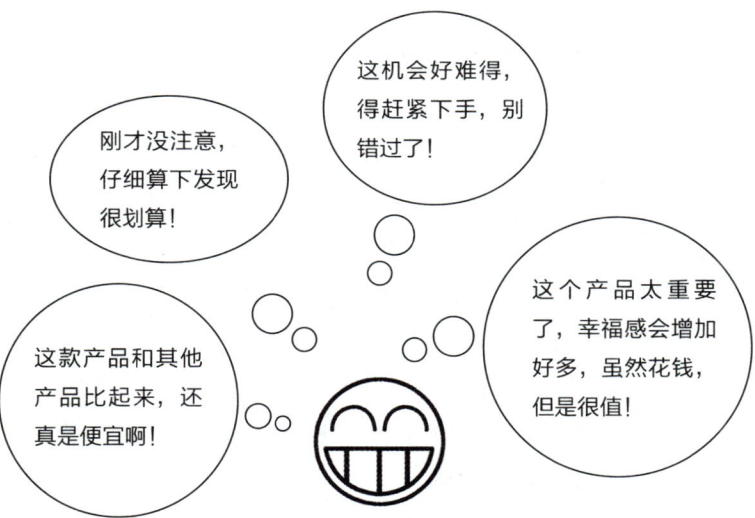

"您有一个新订单!您有一个新订单!您有一个新订单!……"

当你把这步写精彩,你会看到源源不断的订单冲进后

台,你会无法控制你的喜悦!

现在,一起来看看"引导马上下单"都有哪些招吧!

3.1 价格锚点

在文案结尾,很多营销人会放上这样的优惠信息:

本产品原价 X 元,优惠价只要 Y 元(更低),马上抢购吧!

通过高低价对比,让读者感觉很便宜,这看起来很合理,实际上,读者心里还有疑虑:

> - 这款真丝枕套真的值 399 元吗?
> - 这张人体工学椅卖 1799 元合理吗?
> - 花 499 元买这个公文包真的划算吗?其他公文包会不会更好、更便宜?

读者总是会担心,担心买完发现买贵了,不但心疼钱,还有种被宰的懊恼,因此,他可能会放弃购买,或是去搜同类产品,比品质比价格。

他这么干,我们的订单多半就没了。**聪明的做法是,我们主动解释价格的合理性,给他吃下一颗定心丸,让他更放心地购买。**

这颗定心丸该怎么熬制呢?

价格锚点 | 原理

锚定效应
Anchoring Effect

心理学名词，认知偏差的一种。

人类在进行决策时，会过度偏重最早取得的第一笔资讯（这称为锚点），即使这个资讯与这项决定无关。

假设你从没买过西装，你走进一家品牌店，店员拿出几件给你试穿，告诉你价格在 2500 元左右。你犹豫不决时，他找出一件细条纹西装，款式不错，特价只要 1800 元，你会觉得好便宜啊！

真相是：店员在操控你。她故意先给你看最贵的，把 2500 元设为你的心理锚点，再拿出 1800 元款时，会显得格外便宜。想一想：如果刚进门，她给你连看 3 件 1500 元的，你还会觉得 1800 元便宜吗？

明白了这个原理，**我们就可以设置一个价格锚点：主动告诉读者一个很贵的价格，然后再展示我们的"低价"，读者就会觉得很实惠。**

太划算啦！好便宜呢！买这款真是英明！——读者这么想就对了！

引导马上下单

☆价格锚点 | 精彩案例

◉ 案例 1 | 榨汁机

之前我们谈到过一款爆款榨汁机,可以 10 秒榨汁、快速清洗,很好地满足了现代人偷懒的需求。但是,这款榨汁机卖得不便宜,一个要 298 元。

在微信大号推广时,这个价格如果不做解释,读者就可能怀疑它贵,就会去电商平台搜"榨汁机",很快就会发现:150 元可以买到类似容量的机器,虽然操作比较烦琐,但一些追求便宜的读者还是会买。这时候,文案该怎么写,才能让读者觉得 298 元不贵呢?

> 现在市面上口碑不错的榨汁机,最起码都要五六百块,贵的还要上千,但这款的价格真的非常亲民,只需要 298 元。这个价钱,就是在外面喝十几杯果汁的价格(还不一定是真果汁),却可以让你一年到头,天天喝自己鲜榨的果汁,口味也可以随意搭配!

作者说了部分事实。

确实,市面上不错的"榨汁机"都要 500 元以上,但是它们比这款榨汁机容量更大,功能更强。由于大部分读者

引导马上下单

并不熟悉榨汁机市场，作者有意设置了这样一个高价锚点，让读者看完感觉："哇！只要6折的价格呢！"似乎自己占了便宜，从而愉快地下单。有多少人会切出微信界面，到电商平台搜索比价呢？恐怕不多，这样做多麻烦啊！

大部分人读广告时，都处于休闲状态，希望获得明显的结论，做出轻松的决策，这时价格锚点就能发挥巨大的威力，引导读者不假思索地下单。

案例2 | 副总裁卖课

一个新媒体公司的副总裁研发了一个课程，教大家做公众号运营，他写了篇微信推文推广这个课，提出一个吸引人的主张——帮助新媒体运营者年薪翻倍，并且讲述自己的亲身经历：从农村来到北京，一度自卑焦虑，在自己不断摸索实践之下，不到两年从大学毕业生当上公司副总裁，年薪50万，并列举了自己操盘的项目来证明实力。

发售的难点是课程定价198元，这个价格不便宜，当时国内一线的名人大咖全年订阅专辑也只卖199元，而他的资历与大咖显然无法相比。**在新媒体领域，很多课程仅售68元、98元、138元，相比之下，他的课显得比较贵。**但是，他的课有一大优势——比竞品翔实。内容包括选题、编辑、策划到排版等方方面面，如此全面的课程，在市面上很少见。他该怎么写文案，让198元看起来不贵呢？

引导马上下单

> 这可能是市面上性价比最高的课程,或许能把"可能"去掉。市面上大部分198元的新媒体课程,都只有短短十几节课,只能覆盖到整个新媒体知识体系中的一部分。这次,我带着满满的诚意,一次性为你提供完整的90节课,而且依然只卖198元。
>
> 少吃一顿海底捞、少看一部垃圾电影,你就能学到这个时代最赚钱的一项技能,让你的工资翻倍。目前已累计超过5万人次学习,你还不来?

作者在市面上找不到比198更贵的新媒体课,但是他没有放弃设置锚点。他很聪明地和竞品比数量,他特意指出:大部分198元的课程只有十几节课,这时读者心里就会开始模糊地计算,**将一节课等价为10元左右,当他说出自己有90节课时,大家感觉课程的价值起码在大几百元,但实际只卖198元,这就显得好便宜了!** 这个暗中设置的锚点让不少读者下决心付款,这门课程上市不久就售出9万多份,创造了200多万元的营业额,让人对这位年轻人再次刮目相看。

案例3 | 体检套餐

南方某城有一家体检中心,由中国500强企业创办,实力强劲,上下共5层楼,空间宽敞明亮,拥有多台美国、德国进口的先进设备,生意一直平稳增长,客源不断。

让他们苦恼的是，网购体检套餐的顾客大多选择 A、B 套餐，价格仅为 300 至 500 元，而体检项目更为全面的 D 套餐销量不佳，798 元的价格显得偏高，令不少人难以接受。这导致企业客单价偏低，部分人员、设备闲置，影响企业的营业额和发展。

营销总监老潘决定改进电商详情页，告诉读者 D 套餐增加了很多实用的检查项目，而费用增加不多，性价比很高。除此之外，他还苦苦思索一条金句，能一说出口，就让人觉得 798 元不贵，你猜猜这句话该怎么说？

现在开车，每年洗车、补漆、保养随便都要花 2000 元以上。

2000 元

798 元
Why not?

咱每年花 2000 元保养汽车，为什么不花 798 元保养自己呢？

一句话让读者哑口无言。是啊，我们的生命难道不比汽车贵重千万倍吗？那为什么要对它吝啬呢？仔细一想，连自己都觉得不合理。**在这里，老潘找了一个非体检行业的锚点，通过"保养"这个词串联起来，成功打动了读者。**这个

引导马上下单

电商详情页改版后,支付转化率提升了 43%,每个月为企业额外创造了数十万营业额。

这句话也被企业作为话术金句进行推广,每个销售人员都牢记心里,每次顾客纠结是否要买 D 套餐时,销售员就脱口而出,同样起到了很好的效果。

总结

- 价格锚点:告诉读者一个很贵的价格,然后展示我们的"低价",读者就会觉得我们的产品很实惠。
- 设锚点的原则:在合理的逻辑下,越贵越好!
- 在本行业里找不到锚点时,就到其他行业找,通过一个共通点进行链接对比。

3.2 算账

当你让读者下单时,他心里就会隐约地出现一个天平,一边是产品的价值,一边是产品的价格。当他确定价值 > 价格时,他才会下单。

如果你让他独自算这笔账,结局很难预料,他可能放弃购买。与其让他"胡思乱想",不如我们来帮他算这笔账,

用两种方法让他感觉很划算:

平摊 1. 当产品很耐用,但价格比较高时,我们可以把价格除以使用天数,算出一天多少钱,让他感觉到划算。

省钱 2. 如果产品能节水、节电或替代其他消费,我们帮他算出每年,或是 10 年能帮他省多少钱,当他发现自己可以很快"回本"时,他就会觉得购买是划算的。

☆算账 | 案例

案例 1 | 洗碗机

对于家庭女性来说,洗碗是一件让人讨厌的事情。洗碗机成为解救她们的明星。一家知名企业推出普及型洗碗机,摁一下按键,就能把碗洗得干干净净,让人很心动。这款产品售价 2800 元,属于很便宜的入门款,但是由于洗碗机是一种新鲜事物,不少女性还是觉得有点贵,一时下不了手。

她们感到很纠结,一方面,自己确实讨厌洗碗,希望少做家务;另一方面,自己洗碗也习惯了,这么多年也忍过来了,买洗碗机似乎有点奢侈。这时,文案该怎么写,才能

引导马上下单

让她们下决心购买呢?

洗碗机的使用频率比洗衣机还要多,一日三餐都有碗要洗。有了它,娇嫩的手再也不用泡在油腻的碗里了,冬季也不担心冻手了。

现在家电都很耐用,一台洗碗机正常用都能用 5 年以上,以 2800 元的价格计算,每天只需 1.5 元。按现在的人工劳务费行情,1.5 元上哪儿找保洁阿姨来帮你洗碗呢?只要 1.5 元,就能搞定洗碗这么讨厌的事情,每天多出半小时自由时间,你真的不想试试吗?

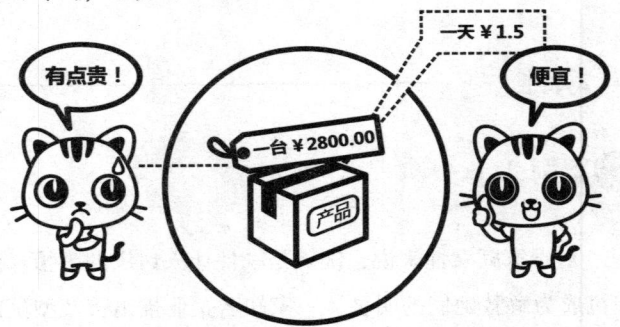

这话真是吸引人啊!把 2800 元拆解成每天 1.5 元,顿时显得很便宜了。作者还藏了个心机,有意把 1.5 元和保洁阿姨服务费相比,**要知道,现在阿姨上门一趟,起步价都是 200 元,1.5 元相比之下显得微不足道!**另外,1.5 元买半小时自由时光,看起来很划算,划算到不买都显得蠢,不是吗?

案例 2 | 生态大米

市面上一些大米可能残留有害物质，对人体健康不利。一家公司立志提供优质大米，他们在粤北山区找到了一个村子，周边没有重工业，远离高速公路，土地有山泉灌溉，他们包了 100 亩农田，种上水稻，向读者提供生态大米，一个月配送 15 斤，订购一年的价格为 2700 元。

读者纠结了。他当然想要健康、天然、无污染的好米，但是要自己一下子掏出 2700 元，总感觉太贵了，怎么办？文案该怎么写，才能解开他的心结，让他想下单呢？

现在订购我们的生态大米，可以享受零售价 7 折的优惠，收割后谷子存在低温谷仓里，每个月按您家的需求进行加工配送。

如果您家里现在没有在吃生态大米，担心价格的问题，这里说一句，每个人每个月大概加 30 元就够了，一顿麦当劳的钱，很简单吧？

如果生搬硬套"按天算账"的方法，把 2700 元除以一年 365 天，我们会发现每天也需要 7.4 元，看上去并不便宜。但是，**聪明的作者发现一个事实：大米是生活的必需品。就算你不买生态大米，你也得花钱买普通米啊！**

于是，作者把"生态米 2700 元 / 年"减去"普通米 1600 元 / 年"，得出每年增加 1100 元大米费用，拿它除以 12 个月，再除以一家三口人，得出"每个人每个月大概加 30 多元，一顿麦当劳的钱"。和全家人的健康比起来，这 30 元显得微不足道，读者看完更动心了，很想按下"购买"按钮。

案例 3 ｜ 节水型净水器

一个老牌家电企业，以制造冰箱闻名，如今也将产品线延伸到净水器领域。他们的产品优势是节水。净水器在制造纯净水的过程中，难免要产生废水，这款产品产生的废水特别少。在产品的电商详情页，他们这样写道：

传统出 1 杯纯水：3 杯废水
我们 1 杯纯水：1 杯废水

作者运用认知对比原理，突出节水性能，但是总感觉太抽象，读者不知道对自己有什么直接的好处。营销人经过思考，补上了这么一句话：

> 假设普通家庭每天平均用纯水 0.2 吨，使用传统 1：3 净水器，产生废水 0.6 吨；使用 1：1 废水比的净水器，产生废水 0.2 吨每天能节省 0.4 吨，1 年可节约水费约 700 元。

引导马上下单

读者心动了。这款净水器售价 1699 元,读者心里算了下,1 年省 700 元水费,两年省 1400 元,很快就回本了。家电用个 3 到 5 年很正常,用得久就更赚了。这么一算,读者就觉得很划算,更愿意下单付款了。

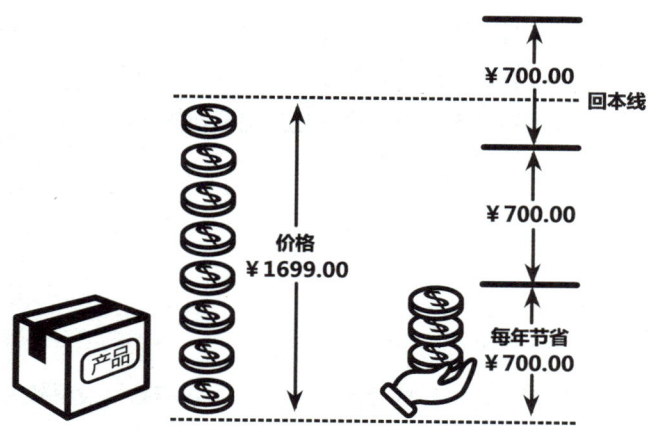

要读者花 280 元买一个烤箱,他可能有些舍不得,你可以帮他这么算:出去吃顿烤鱼就要 200 多元,吃烤鸡、蛋挞等西餐也要这个数,在家烤 1 次就把钱都省回来了,用料还更放心,是不是很划算呢?同理,卖酸奶机、榨汁机也能用上这招,让读者觉得购买格外划算。

> **总结**
>
> ● 算账方法运用：读者在付款前，帮他算一笔账，让他确定产品的价值远远大于价格，从而愿意下单。
>
> ● 算账方法一：把产品价格除以使用天数，算出用一天多少钱，让人感觉到划算。
>
> ● 算账方法二：如果产品能节水、节电或替代其他消费，我们帮读者算出产品能帮他省多少钱，让他感到划算。

3.3 正当消费

你是否有过这样的经历：你看到一款产品，很精致、很强大，能给生活带来更多享受，你非常心动。但是你发现价格有点高，你犹豫了，心想：花这么多钱，会不会太奢侈了呀？我不应该这么大手大脚吧！于是，你忍痛关掉页面，放弃购买。

你的读者也会这样想。当你卖享受型产品，比如高档音箱、高档数码产品、高档家居用品时，他也会严格控制自己的预算，结果可能就是——不买！我们该怎么办呢？

正当消费 | 方法运用

引导马上下单方法之"正当消费":告诉读者买产品不是为了个人享受,而是为了其他正当理由,消除他内心的负罪感,让他尽快下单。

请看3个生活中的事例。

张大伯有辆电动车骑了5年,老旧了经常坏。昨天,电动车店的老板劝他花3800元换辆新车,他很心动,但是他习惯了节俭,内心又劝自己:旧车修修还能骑。

老板看出他很犹豫,说道:"你那旧车前面空间小,孙女只能坐你后面,摔倒了,或是有坏人抱走了,你都保护不了。"他打开新车坐垫前方的儿童座椅,又说:"这样你孙女可以坐在你前面,你随时可以看到她。难道你不希望她坐得安全一点吗?"张大伯虽是出了名的铁公鸡,但听到这句话心理防线也崩溃了,15分钟后掏钱付了全款。

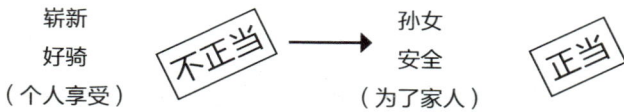

崭新
好骑
(个人享受)   不正当 → 孙女 安全 (为了家人)   正当

我很喜欢数码产品,我迷上了苹果笔记本电脑,我觉得它的界面太美了。我的内心很挣扎:真的要花1万多元去买它吗?台式机好好的,还能用的呀!最终,我掏钱了,我这样说服了自己:电脑界面美,我就会爱用,多用它读电子书、写作,个人成长快了,赚回这1万多元不是很简单吗?

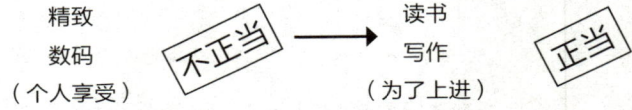

精致
数码
(个人享受) 不正当 → 读书 写作 (为了上进) 正当

我的朋友小西大学毕业不久,她看上了一件高档连衣裙,标价2800元,明显超出了她的消费档次。营业员得知她初入职场后,说了这么一句话:"你肯定不希望同事还把你看作大学生吧?到了职场,穿得成熟优雅些,同事、客户会更尊重你,给你更多机会。你至少应该有一套职业装,不是吗?"这句话让她无法抵挡,掏出了信用卡。

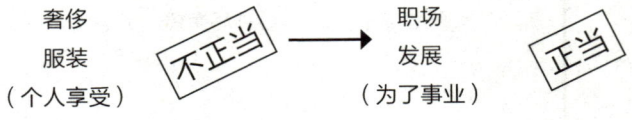

奢侈
服装
(个人享受) 不正当 → 职场 发展 (为了事业) 正当

看,聪明的销售员用这招引导我们消费,我们自己也用这招麻痹自己,让自己爽快下单。

那么,在写文案时,我们具体该怎么用呢?

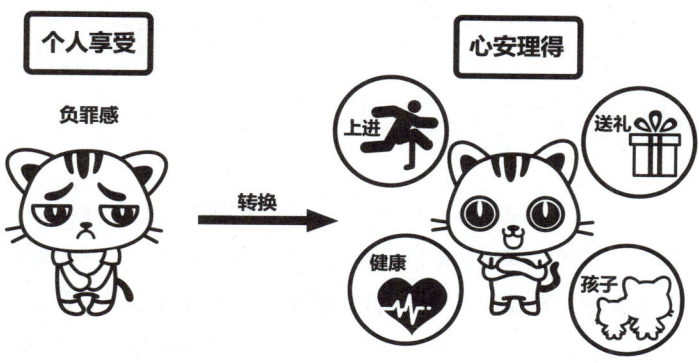

首先,我们要知道"正当消费"包括这4种:

·上进:思维学习提升、能力进步、人脉拓展、事业发展等。

·送礼:送礼品给好友、事业伙伴、家人用于感恩;送礼给心中的男神、女神,以俘获芳心等。

·健康:增强体质,减少疾病风险,消除患病痛苦。

·孩子:确保孩子健康成长、品行端正、聪明优秀,有美好前途。

之后,我们告诉读者,他买产品不是为了"享受",而是为了这4件事,缓解他的负罪感,让他更爽快掏钱。

正当消费 | 精彩案例

案例1 | 高档台灯

李森（化名）是一家照明产品企业的副总，他发现国内的台灯光线偏亮、偏白，看久了眼睛容易疲劳，并且发光范围太小，导致人不自觉地驼背阅读。李森离职创业，和工程师一起攻克了以上问题，研发出一款护眼台灯，售价368元。起初，他们的推广文案是这样写的：

复合白光LED芯片，确保光源色温适中，阅读时眼睛更舒服。
白色防护罩，多层过滤柔化，大大减少对人眼的刺激。
照明范围大，你可以和孩子共用，一起读书写作。

大力推广了一个月，只卖出100多台，远远低于李森的预期。他开始做市场调研，发现大部分中国人对健康照明完全没概念。没错，大家都想要一盏好灯，阅读时眼睛能更舒服些，但一报价格368元，很多人都觉得太贵了，"买这么好没有必要"。这该怎么办呢？

你的孩子从上小学到高考
要经历 12 年寒窗苦读
一款专业的护眼灯
将在 4380 个夜晚帮你保护他的眼睛

……

现在，这盏台灯在本平台首发
我们为你争取到了独家优惠
原价 568 元，粉丝专享价：368 元（限时抢购，售完即止）
作为一个奶爸，我深深明白孩子自己是没办法规划未来的
你现在做的每一个决定
可能都会影响他的一生
我想给孩子买再多的漂亮衣服
不如给他一双明亮的眼睛
快戳下图
马上把这款护眼神器带回家吧！

看完这段文字后，很多人情不自禁地下单了。营销人回访时发现，很多顾客本身就有近视，深知近视之苦，眼镜戴上了就摘不下来，上学时被同学嘲笑为"四眼仔"或"四眼妹"，忍受着语言暴力。长大了想动手术，发现要数万元昂贵的费用，还担心手术失败风险，害怕有后遗症。

显然，没有哪个读者希望孩子承受同样的痛苦，如果

引导马上下单

买这盏灯能让孩子不近视，或是少近视100度，368元又算什么呢？

作者运用的正是"正当消费"技巧，不只诉求"自己用，看书时眼睛更舒服"，更诉求"给孩子用，保护孩子的眼睛"，让读者觉得这是正当消费，更爽快地下单。请注意这句话"我想给孩子买再多的漂亮衣服，不如给他一双明亮的眼睛"，措辞非常巧妙，潜台词是"别心疼这三四百元钱，少买几件衣服，就够你买这盏灯了！"又推了读者一把，很多人抵挡不住，立刻付款。这款台灯在超过80个微信大号上陆续推广，获得了很高的销量。

案例2 | 护颈枕

吴倩（化名）毕业于美国常青藤名校，她发现不少职场人士有"睡不着、睡不好"的痛点，她率领名校研发团队开发出一款护颈枕，拥有非常出色的人体工程学设计，采用美国进口软纤维和高弹性纤维原料，能有效分散睡眠时的头颈压力，文案是这样写的：

你能感到枕头材质与头部皮层的贴合，感觉就像是有人给脑部做了个SPA，那种柔软材质触摸到颅腔的感觉，就像躺在云朵里一样。

这让人心动了,谁不想睡得更舒服呢?但是,它的价格真不便宜——399元一个。逛超市时,一般的枕头只要几十元或百来元,花399元去买枕头,有必要吗?会不会太奢侈了一点?

一旦这样想,读者就会退缩,心想:我还是继续用我的老枕头吧,又不是不能用!于是放弃购买。文案该怎么写,才能扭转这种想法?

我们的一生,1/3时间都是在枕头上度过的。很多成功人士知道,成功的奥秘不只是懂得努力,也包括懂得休息。

白天,我们给自己设置高目标,把议程排满,工作时争分夺秒,耗心耗神;夜晚,我们急需一款好枕头,躺下去几分钟就能睡着,帮我们舒缓颈椎压力,避免落枕,让我们一觉熟睡到天明。

你需要一款专业舒适的枕头,帮助你睡好、睡饱,每天起床精神焕发,能量满格地投入工作,高效率地产出好作品,更快地达成自己的事业目标,不是吗?

这段话把不少人打动了。很多人都有这样的经历:一晚睡不好,落枕,第二天起床昏昏沉沉,颈椎酸痛,心情低

引导马上下单

落、脑速放慢,一个上午都缓不过来,严重影响工作状态,导致工作效率低,作品质量差,影响事业发展速度。一款好枕头虽然不能完全避免这些问题,但是能帮自己提高睡好的概率,想想也挺有必要的呢!

这时,读者心里多了一个"正当消费"的理由,**我买好枕头不只是为了舒服,也是为了自己的事业呢!** 这样想,399元就显得不再奢侈了,事业成功之时,赚回这点钱不是分分钟的事吗?带着这样的想法,读者心里舒坦了,负罪感消失了,允许自己立刻下单购买。

案例3 | 鲜奶面包

胖刘原来是资深媒体人,28岁时开始创业,作为一个大吃货,他创办了自己的面包品牌,主打鲜奶面包。

传统面包用奶粉作为原料,咬起来味道平淡,口感干燥。而胖刘从草原农场引进鲜牛奶,以鲜奶为原料制作面包,质感湿润,奶香浓郁,吃起来有嚼劲,入口顺滑甜美,香气四溢。鲜奶面包售价20元一块,刚好是一家三口一顿早餐的量。

胖刘针对已婚女性展开了宣传。不少妈妈看到推广文案后,陷入了纠结:一方面,觉得鲜奶面包很诱人,很想尝试;另一方面,又觉得售价偏高,相当于同规格普通面包的2倍。只吃一两顿还好,但如果吃惯了要天天吃,每

个月要多消费几百元呢!对于精打细算的妈妈来说,这笔钱可是不小的开支!

需要花这么多钱买早餐面包吗?如果不解答这个疑问,妈妈们很可能放弃购买。胖刘提前预判到了这一点,他用一段文案打消了这个疑虑,他是怎么写的:

一份鲜奶面包只要20元
一个三口之家,每人多花3.3元
就能一起吃上优质早餐

鲜奶面包奶香四溢、湿滑美味
让孩子爱吃,多吃几口
上课更精神一点
个子长得更高一点
作为妈妈来说
这就是每天实实在在的幸福!

这话真说到妈妈们的心里去了!妈妈们都知道,小孩喜欢吃零食,就是不爱吃饭,吃上几口就想跑,很让妈妈担心:个子长不高怎么办?上课肚子饿了怎么办?这份鲜奶面包如果真能让孩子多吃几口,就帮自己解决了个大难题。

这时候,**鲜奶面包就不是奢侈的美食享受,而是孩子**

二 引导马上下单

成长的必需品,是非常正当的消费,妈妈们可以心无挂虑地下单了!首批 2000 个鲜奶蛋糕一售而空,证实了胖刘的洞察,他沿着这个思路推出夹着坚果、水果干的新款鲜奶面包,强调它们营养价值更高,能更好地帮助孩子发育成长,同样大受欢迎。如今,胖刘的品牌已成为当地鲜奶面包品类的领导者。

总结

- 当读者认为买产品是为了个人享受时,他就会谨慎,担心太奢侈浪费,可能放弃购买。
- 引导马上下单方法之"正当消费":告诉读者买产品不是为了个人享受,而是为了其他正当理由,消除他内心的负罪感,让他尽快下单。
- 人们通常会这么认为:为了"上进、送礼、健康、孩子"这 4 件事消费属于正当消费。

3.4 限时限量

限时限量 | 方法运用

这是很简单却很有效的一招。

我们都知道,人在掏钱购买时会犹豫、拖延,甚至不了了之,而我们的目标是要他马上买,那么很简单,告诉他不这么做会吃亏。

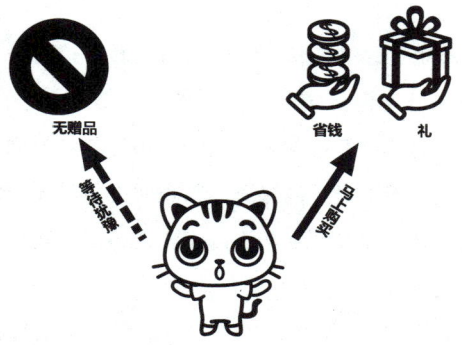

引导马上下单之"限时限量":告诉读者现在的优惠是限时限量的,如果错过,产品会涨价,甚至售罄买不到,这就迫使他必须马上做出决定。常见的形式有这3种:

限时	限量	限制身份
如特价680元,优惠截至6月30日,7月1日起恢复原价至980元。	125盒特价产品派完即止/前80名预订的顾客送额外一份礼品。	本优惠仅限教师/在读大学生/鼓楼区居民……享受。

⭐ 限时限量 ｜ 精彩案例

📍 **案例 1** ｜ 儿童绘本

曾鹏(化名)经营着一家教育机构,由于投资失败,

二 引导马上下单

他急需一笔资金,才能保证公司正常运转。这时,公司开发的一套儿童绘本已经定稿,这套绘本由日本教育大师和漫画家合力绘制,反复推敲故事情节,历经 5 年打磨,创作出一幅幅让孩子爱不释手的漫画。曾鹏对书的品质充满信心,让他苦恼的是,他必须在两周内卖出 1 万册,否则公司连工资都很难发出去。

在这套绘本的众筹文案中,曾鹏会怎样引导读者别拖拉,马上购买呢?

用温暖、科学的专业儿童绘本
培养孩子开朗、上进、善良的性格
用一顿饭钱换孩子更多潜能
随随便便一顿海底捞 =200 元
换成这套绘本,还能找 51 块
此次发售价格

众筹价格	正式售价
149 元 / 套	249 元 / 套

截至 8 月 13 日 24 : 00

149 元是一个不高不低的价格,作者号召家长减少享乐消费,用于购买绘本培养孩子性格,把钱用在"正当消费"上,让读者觉得 149 元值得花。

"200 元还能找 51 元",这句话有些俏皮,让人感觉

活泼轻松，缓解了读者掏钱时的紧张感，又显得 149 元不贵。**作者有意将众筹价格和正式售价拉大，差距 100 元之多，有意向的读者肯定会选择马上买，否则多不划算啊！**细致到月、日、时、分的截止日期，让人感觉这项优惠政策动了真格，不像是欲擒故纵的把戏，因此，不少读者立刻就下单了。

最终，这套绘本卖出了 8300 多套，虽然没能达到预期，但曾鹏在朋友的资助下，有惊无险地渡过了资金难关。

案例 2 | 引流培训课

老郑（化名）是互联网营销界的老鸟，他特别擅长微信引流，并靠这项能力成功操盘了几个营销项目，形成了一套成熟的方法论。

他决定将这项能力变现，创办了"百万客流"培训班，一次收费 8800 元，手把手教学员实操方法。

对老郑来说，他付出的成本除了时间，就只有酒店会场租金、兼职员工薪水等，这些基本都是固定的，他希望招到 50 个学员坐满会场，这样他就能赚到最多利润。

但 8800 元是一笔挺多的钱，即使是他的老粉丝，也未必会很爽快地掏出这笔钱。深谙人性的老郑，会如何引导读者马上下单呢？

  本商学院的教学特点是"现场手把手教会",我们的学员学成后大展身手,抢了某些人饭碗,打破了行业潜规则。考虑到他们的"饭碗"问题,我们识相的决定——这次培训,将是近3个月来的最后一期实战培训。

  移动互联网世界,瞬息万变,转瞬即逝,1个月=1年,第4期,3年后再见!请大家自觉点开下面的See You Again,让我们在忧伤与惋惜中,读完下文。

  (See You Again 音乐)

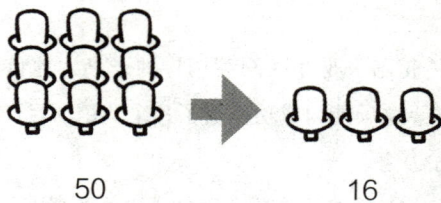

  为确保教学质量,本次培训继续限额50人,但又有34人提前付款预订,所以仅剩16个席位,能不能抢到位子,看你运气了。

  错过这次,再等3个月,让读者意识到机会难得,想学要趁早。"限额50名,34人提前预订",作者使用我们之前提到的文案技巧"畅销",说明报名火爆,深受大家认可,最后"仅剩16个席位"显得非常稀少,而且看起来很可能

被别人抢占,让读者感觉紧迫,立刻下单。最终,一共有86人交钱报名,老郑找酒店换了个100人的大会场,营业额比预期接近翻一番。

 案例 3　｜　助听器

一家上海的助听器公司,在全市有4家助听器配验中心,销售德国、美国、丹麦等欧美先进产品。为了拓展客源,他们开始大量投放广告,试图吸引听力障碍者上门咨询,购买产品。他们有几款助听器可以给出"每副补贴60元"的优惠。当时市场上各种优惠名头繁多,顾客已经麻木了。

文案要怎么写,才能让"补贴60元"显得很难得,机不可失呢?

2016年老年人听力康复援助开启

一年一度

进口助听器每副补贴60元

 60岁

力度较大,仅限60周岁以上市民享受

凭身份证领取,每日限8个名额

申领热线:400……

引导马上下单

如果文案写的是60元补贴随意派发,恐怕没有人会把它当回事。

但如果写的是"60周岁以上"还要"凭身份证领取",看起来门槛就高了,而且还要严格检查,很多老人看到后心想:我已经过了60岁,还好我能享受!心里有种庆幸的感觉。

实际上呢,这家公司已经分析了客户数据,发现91%的顾客都是60岁以上老人,这一限制只会损失少量客流。但是,它让符合要求的老人动起来了,平时,他们每天平均能接到8个老人的咨询,打出这则广告后涨到12个,为4家店带来了更多客流。

总结

- 引导马上下单之"限时限量":告诉读者现在的优惠是限时限量的,如果错过,产品会涨价,甚至售罄买不到,迫使他马上做出决定。
- 告诉读者不多的限量名额又遭其他顾客提前预订,所剩更少,会激发他的紧迫感,促使他马上下单。
- 设置享受优惠的身份门槛,会让顾客感觉到机会难得,力度较大,从而更想马上下单。

四 | 标题
Headline
抓人眼球
That Catches Readers' Eyes

【新闻社论】

【好友对话】

【实用锦囊】

【惊喜优惠】

【意外故事】

大卫·迪·安杰洛
David Deangelo

吸引是情不自禁的。

4.0 标题抓人眼球

下面有 4 个标题，选两个你最想读的。

> • 男子送女友宝马车分手后欲讨回，法院：赠与有效。
> • 鼓楼家具城盛大开业，全场五折起优惠。
> • 丹麦生蚝泛滥不要钱？中国记者实地调研：你想多了。
> • 没想到啊！这个清纯女星婚后竟找男模寻欢。

我敢打赌，你没有选第 2 个。

你看到了，广告标题在各种奇闻逸事之间，是多么无聊啊！

回想一下，你是怎么写标题的？你的显示屏上开着 Word，显示着产品资料，稿纸上列着卖点、优惠政策，当你思考时，难免会想——把这些产品信息精简提炼，表达出来吧！在门户网站上，在资讯头条里，在微信公众号上，你会见到大量平铺直叙的标题。**而你刚才也发现了，这种标题和各种劲爆新闻贴身肉搏，一起抢夺读者的注意力时——几乎没有胜算！**

同时，标题又要了命的重要！

一个简单而残酷的事实：这个时代读者少有耐心，通

四 标题抓人眼球

常只花 2~3 秒扫读你的标题,如果他不想点,就算你的内文精彩绝伦,感天动地也等于零,对吗?为了避免辛苦写出的文案石沉大海,多位美国广告大师表达过这样的观点:**如果给我 5 个小时写文案,我会花 3 个小时想标题!** 而我见过许多文案小伙伴,想标题的时间都不会超过半小时,甚至花 10 分钟匆匆一写了事。

好消息是,我"请来"一个智囊团帮你。标题怎么写更能引人注意?早在 20 世纪 60 年代,广告界前辈大卫·奥格威、约翰·卡普斯和丹·肯尼迪等就已经做过大量研究。他们一生创作了大量广告,投放后监测市场反馈,包括阅读量、咨询量、优惠券使用量和销售额等数据,他们发现:**有几种类型的标题表现格外出色。** 他们的经验就像深夜海上的灯塔,给我们指明了方向。

如今,这些美国广告黄金年代的大师都已去世,他们的经验还能用吗?我四处收集公众号、信息流上的推广软文,归纳、统计它们的阅读量表现,我采访了国内多位优秀营销人,请教他们写标题的心得,我总结了自己职业生涯 600 多次广告投放数据……我发现广告大师们的观点大多数依然奏效,我在他们的理论基础上,**总结出 5 种强力标题类型,以及写出这些标题的句式**,他们的阅读量常常比平均值高出 30% 以上。

简言之,这世上有无数种标题,这 5 种表现特别抢眼。好比你是禁军教头,我从全国茫茫人海中,选出 5 名最强的

功夫高手任你差遣,这感觉不错吧?

现在,和我一起认识这 5 位选手吧!

4.1 新闻社论

比起广告,人们更爱看新闻。广告商业味比较浓,大家看到就不想点,相比之下,新闻显得更权威、更及时也更有趣。作为营销人,我们可以穿上记者的马甲,把广告"化装"成新闻,激发更高阅读量。

> 新款咖啡饱腹感强,节食减肥神器

我有个好朋友叫鸡侠,他从美国引进一款新配方咖啡,饱含丰富的营养和充足的能量,只喝一杯,你就会感到精力充沛。更重要的是,它能给你明显的饱腹感,从早晨一直持续到下午,帮助你控制食量,保持身材。他准备在微信公众号上发布这款咖啡,如果标题是上面这句话,你恐怕不会想点开。

换你来写,你会怎么写?

> 硅谷 2017 年新发明:喝这杯饱含油脂的咖啡,居然能减肥!

四 标题抓人眼球

鸡侠回忆：当初，我是怎么关注到防弹咖啡的？是一则科技新闻！传统观念里，减肥就要痛苦地吃寡淡素食，这则新闻颠覆了这个观念，因为防弹咖啡富含油脂，口感醇厚美味，还帮助多个美国商业大佬成功减重。

"谁说文案标题就要像广告？新闻标题更能震撼读者呀！"于是他灵机一动，写下这条新闻社论式标题。他的公众号当时阅读量稳定在3500至5000之间，这则标题发布后3天，阅读量高达7556，涨幅超过均值65%。鸡侠的防弹咖啡套装售价849元，价格并不低，但500套仍在发布一周内迅速售罄，这让他感到很满意。

鸡侠的妙招，我们同样可以使用，我们可以站在媒体记者角度报道，把品牌广告转变成重磅新闻，大大提升标题的吸引力。

如何写出富有新闻感的标题？需要三步走。

第一步，树立新闻主角。如果你的品牌并不是家喻户晓，我建议你不要以自家品牌名为主角，而是想办法"傍大款"，把我们的品牌和新闻焦点关联起来，比如明星地区，如好莱坞、硅谷等；又如明星企业：苹果、星巴克等，以及明星人物：巴菲特、梅西等。

第二步，加入即时性词语：现在、今天、2017年（当年年份）、圣诞节（当时节庆）、这个夏天、这周六等，人们总是更关注最新发生的事情。

第三步，是加入重大新闻常用词，包括：全新、新款、

最新到货、引进、上市、宣布、曝光、终于、突破、发现、发明、蹿红、风靡等，你试试在标题里加上这些词，让读者迅速感受到"有大事发生"。

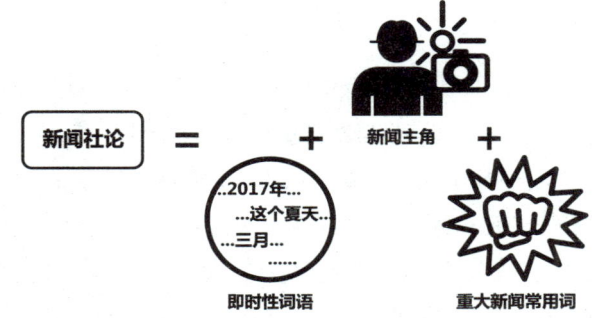

实践练习 | 新闻社论式标题

明星篮球鞋 6 折起优惠大促中！

一个电商网站开办了"购物头条"版块，发布各类购物资讯导流。我的朋友坤杰负责运营潮鞋区，他每天写各类文章，想尽办法吸引读者的点击，标题有《什么样的篮球鞋让你越穿越想穿？》《当篮球鞋与时尚黑科技结合》，或是《任何人都能 hold 得住的时尚单品》，普遍反响惨淡，90% 的标题阅读量不到 1000，通常只有 200 到 600，他感到心灰意冷。

春节过后，该网站拿出几款明星篮球鞋打 6 到 8 折促销，

四 标题抓人眼球

坤杰打出上面这个标题，显然缺乏亮点，很快被淹没在茫茫资讯中，阅读量只有 300 多。

> 2017 NBA 全明星赛上场鞋照全曝光，有 1 款今天 6 折！

坤杰打出这则标题后，文章阅读量飙升到 9875，他自己也不敢相信，阅读量居然能暴增 10 倍以上！

"当时 NBA 全明星赛刚刚落幕，篮球迷都盯着球星脚上的鞋子，我心想，这个热点我一定要抓！"坤杰回忆道，于是他赶紧收集了 24 位球星的鞋照，迅速整合成一篇文章，"刚好有一款鞋正在促销，于是我写上今天 6 折优惠，今天这个词，就是为了给读者一种不可错过的感觉！"

我们来拆解坤杰这个标题，发现它聚齐了新闻社论标题的 3 个要素！

新闻社论标题 = 树立新闻主角 + 即时性词语 + 重大新闻词

- 热点事件 NBA 全明星赛
- 2017，今天
- 全曝光

4.2 好友对话

想象现在是周一下午 3 点,你和同事正在聚精会神地工作,一名推销员走进办公室:"谁要办信用卡?"你很可能不会理他。但是,如果他走到你的身边说:"嘿,朋友,你要不要来张信用卡呀?现在办送旅行箱哦!你看,玫红色的,最近最流行哒!"这时候,你还能置之不理吗?

我们从小被教育:别人跟你讲话时,你必须回应,这是基本礼貌。利用这一心理,我们就能写出另一种激发高阅读量的标题。现在忘掉你营销人的身份,想象你是读者的闺蜜或死党,你正在和他聊天,聊得热火朝天!让他感受到你的热情,他会回报你更热烈的反馈。

> 微信文案大咖战绩辉煌,周六线上授课

我运营着一个微信公众号"创意很关键",两年来,我不断分享文案写作技巧,聚集了 10 万名营销人订阅关注。有一天,我邀请了好朋友张致玮来我公众号讲课,他写微信软文特别牛,软文产生的销售业绩是广告费的 5 倍以上,在快消品电商界名气不小。

文案既是张致玮的成名绝技,也是他的赚钱命脉,他不会轻易外传。幸运的是,在他成名之前,我和他就已经是很好的朋友,所以他爽快地答应了我的讲课邀请!我非

四 标题抓人眼球

常感动。"我一定要让读者知道这堂课的含金量,也感受到这堂课来之不易!"我心里暗想。我把心里的想法平铺直叙,在纸上写下这样一个标题**"微信文案大咖战绩辉煌,周六线上授课"**,感觉太没劲了,我把它揉成纸团丢进垃圾桶。

> 他写微信软文赚了 1173 万元,愿意手把手教你文案秘籍——只在这周六!

当时,我公众号的阅读量在 4000 至 5000 之间,我打出这个标题后,立刻点燃了读者们的热情,4 天后阅读量达到 7603,**并且售出 1167 张微课门票,和上一堂课相比,售票量接近翻倍。**当天的微课,张小二真诚分享,妙语连珠,听课的小伙伴也不停点赞好评,原定 9 点半结束的课程,一直热切地互动到 12 点才结束,成为我人生中难忘的美妙一夜。而课程的火爆成功,都源于这个优质的标题。

写这条标题时,我有意识地要把它写成好友对话式,事实证明,这种标题确实能抓人眼球。我是如何写出来的呢?

第一步,加入"你"这个词。对话中,所有人最关心的永远是他自己。你现在回忆一下,这周很多人对你说过话,你还记得哪几句?我敢打赌,很多都和"你"有关,可能是领导说的"这个方案你来写",可能是同事说的"你穿这件衣服很好看",或是女朋友说的"累了吧?我帮你按摩一下"。

四 标题抓人眼球

为什么"你"让人忘不了?因为我们都是人,有七情六欲的人,谁能不关心自己的切身利益呢?**所以,在标题里放进"你"非常重要。**

第二步,把所有书面语改为口语,想象读者就坐在你桌子对面,你正和他/她勾肩搭背,谈笑风生呢,你不会和朋友说"文案大咖",你会说"我那个朋友"或是"他",你不会说"战绩辉煌",你会说"赚了1173万",你不会说"授课",你会说"教你",朋友之间就是这样聊天的呀!**用上这些口语词,能迅速拉近你和读者的距离。**

第三步,加入惊叹词。当你走进办公室时,哪些同事会吸引你的目光?当五个同事看着电脑屏幕,惊叹地叫着"哇",或是两个同事互相追打,大笑不止时,你是不是会情不自禁地走过去,想看看发生了什么?**激情是一种"传染病",让所有人被吸引和感染**。当你在标题里放入惊叹词时,读者就会忍不住驻足停留,这些词会给你启发:亲爱的!小心!注意!太high了!牛!好吃到哭!羡慕吧!我惊呆了!等等。

张小二的课程直播只有一晚,错过不候,所以我加入了感叹词"只在这周六!"大声提醒读者。

四 标题抓人眼球

一 ✎ 实践练习 | 好友对话式标题

市面主流眼霜测评报告

女生都知道,眼角很容易暴露年龄,因此很多女生会定期抹眼霜抗衰老。市面上的眼霜,有的不足100元,有的要几千元,该如何挑选?一家电商网站针对女性这一困惑,调研了市面上8款主流眼霜,精心写出一篇详细的测评文章,分为"百元以内平价战斗机""中端价位爆款还能零差评""贵价眼霜年轻人需要用吗"三大版块,顺势推广该网站上的眼霜产品。

如此用心编辑的内容,如果用上面这个标题"市面主流眼霜测评报告",显然太过平淡,读者看了心里恐怕会想:就是一篇普通的测评文章吧,可看可不看,从而略过,辜负了编辑的心血成果。

恭喜你!在25岁前看到了这篇最最靠谱的眼霜测评!

这个标题打出后,2天内就创造了10万+阅读量,众多"路过"的读者被迅速吸引。

当我们一起拆解这个标题时,我们发现,它是好友对话式标题的典范。首先,它放了"你",一句"恭喜你!"抓人眼球,让人好奇"为什么要恭喜我呢?"标题不写"职

四 标题抓人眼球

场新人",而是写"25岁前",不写"精心编辑",而是写"最最靠谱",就要是用口语拉近自己和读者的距离,立刻让读者觉得很亲切,**好像一个活泼的闺密突然出现,扬扬得意地自夸着,把一份细致的眼霜报告放在自己面前。**

这种语调让读者会心一笑,放下了戒备心,带着愉悦的心情点开了内文。

> 好友对话标题 = 对"你"说话 + 口语词(25岁、看到、靠谱)+ 惊叹词(恭喜你!最最)

4.3 实用锦囊

想象一个尴尬的情境:你秃头了,几缕稀疏的头发遮不住发亮的脑门,你显然很在意,也很苦恼。有一天你到机场候机,你正沉迷于玩手机时,广播突然响起:"秃头的旅客请注意……",想象一下,这一刻你会是什么感觉,是不是会心惊肉跳?是不是会放下手机,惊讶地猛然抬起头?

每个人都有他敏感在意的烦恼,可能是肥胖、皮肤粗糙,也可能是演讲结巴不自信或多年没有升职加薪。**直接指出你的读者的烦恼,就能迅速地吸引他的注意"啊!这就是我啊!"接着马上给出解决方案,这时他就会特别想看。**

当你口渴的时候,如果给你递来一杯水,你一定想喝;

四 标题抓人眼球

当你背痒的时候,给你递来一根挠痒棍,你一定想要,你的读者也是一样。

> 这门课教你十倍速读

李强(化名)是一名"职业读书教练",潜心研究阅读方法多年,他发现人们经过科学训练,真的能做到"一目十行",用几天碎片时间就能读完一本书,并且充分理解书中内容。他把自己的训练方法整合制作成音频课,在网络上售卖,标题为"李强教你十倍速读"。当他在其他微信大号上推广时,他也用这个标题,结果反响平平,这让他有些沮丧。一次偶然的机会,他认识了一位营销界前辈,前辈很直接地指出:这个标题太平淡,缺乏吸引力。

> 新年礼物 | 拖延症晚期也能 1 年读完 100 本书

人们为什么需要速读?大家在读书这件事情上有什么烦恼?营销界前辈经过调研和思考,敏锐地发现:这门课的受众以职场白领为主,职场竞争激烈,他们害怕被社会淘汰,买了很多书想充电学习,然而到家后,他们又常常斗不过自己的惰性,偷懒看剧打游戏,新书翻了几页就不再读。**有一天,他们看着书堆积蒙灰,为自己的拖延症感到懊悔自责。**

针对这种普遍心理,营销前辈建议李强换上新标题,

四 标题抓人眼球

直接点出"拖延症晚期",迅速唤起读者的懊恼情绪"哎呀!我就是这样",马上给出"一年读 100 本书"的解决方案,如及时雨一般给读者解脱,迅速吸引读者的关注点击。这个标题在一个女性电商公众号首次投放,投放后仅 3 个小时,阅读量就创下该号 3 个月以来的新高。

如何写出一个精彩的实用锦囊式标题?

第一步,写出读者的苦恼。

你的读者有哪些普遍存在的苦恼?**找出来,写在标题里,并且要说得很具体**,不要写"演讲不好",要写"一演讲就紧张忘词",不要写"身材发福",而要写"肚子一圈肉",类似的好描述还有:喷嚏打不停、装修累到快趴下、35 岁还不是高管、股票被套睡不着等。

第二步,给出圆满结局 / 破解方法

你先告诉读者"你的烦恼,我懂",紧接着你说"我这有解药",读者就会特别渴望知道答案。

你可以给读者一个"圆满结局",形容烦恼破解后的美妙效果,比如《手残党福利: 5 分钟就能给自己换个新发型》,缺乏动手经验的女生看到这个标题,会感觉很有信心,想知道如何给自己做出新发型。

你还可以告诉读者你有破解方法,比如《男友镜头里的你特别丑? 有这简单 3 招就不愁》,很多女性读者看到后,拍着大腿说:"没错!我男朋友就是这样,气死我了!"接着她会很好奇:到底是哪 3 招? 然后情不自禁地点击阅读。

四 标题抓人眼球

实用锦囊 = 具体问题 + 圆满结局\破解方法

实践练习 | 实用锦囊式标题

已婚女性首选理财产品隆重登场

一个金融网站获得多位商业巨头的投资，雄心壮志地推出一款理财产品，号召家庭里的财政大臣妻子定期投资，以低风险获得稳定收益。这家网站拨出了一大笔广告费，准备在都市女性媒体大规模投放软文广告。如果标题走常规写上"已婚女性首选理财产品隆重登场"，吸引力明显不足，这笔巨额广告费投放后很可能石沉大海。

你和老公总是存不下钱？央视理财专家给你3个建议

这家网站的营销人通过调研发现，目标读者的普遍烦恼是：夫妻花钱没有规划，平时随意消费，面对孩子教育、父母医疗等大额开销压力时，才发现存款不足，突然间丧失安全感，导致焦虑。所以标题第一步写出"存不下钱"直戳读者痛点，让读者感受到"这就是我的烦恼啊"。第

四 标题抓人眼球

二步给出破解方法,"央视理财专家的建议",有"央视"光环显得专业可靠,让读者好奇"我要看看大专家会给我什么建议",从而点击阅读。这个标题投在各大媒体上,阅读量都表现突出,成为业内的经典案例。

当你用具体问题+破解方法写标题时,**我建议你想办法引用权威专家的"破解方法",会更强烈地激发读者阅读的兴趣**。你的女性读者想瘦出腹肌?她会对维秘女郎的建议感兴趣,你的读者想成为杰出创业者?他会对成功企业家的建议感兴趣。

这些范例会给你灵感:《**时尚集团总监:妙用挂烫机,百元货烫出奢侈品质感**》《**当鼻炎大夫喷嚏不停时,他们总是会做这3件事!**》等。

> 实用锦囊标题=具体问题(存不下钱)+圆满结局/破解方法(央视专家3个建议)

4.4 惊喜优惠

现在各行各业,每逢节日都要搞促销,没节日时,制造节日也要做促销,优惠类标题是我们最常写的标题。多数人会放上促销政策,再加一句煽动号召,但这样写效果好吗?

四 标题抓人眼球

> 德国净水壶5折优惠

一个海淘平台推广德国净水壶,认为突出"德国品质"就能让人有信任感,同时,5折的价格是难得的"抄底价",应当会起到杀手锏的效果。这个标题投放后,阅读量表现很一般,这让他们大失所望。

> 今天免邮 | 2.5亿人在用的德国净水壶 半价90元

另一家海淘平台推广同一款净水壶,投放了这个标题,你瞧,这样写吸引力是不是强了很多?这个标题精心构思,试图引导读者冲动点击的情绪。"今天免邮",看来是个限时的活动呢。2.5亿人在用,哇,卖得真好,这么多人用我怎么不知道?德国的产品居然才90元,感觉挺便宜的!带着好奇和期待,读者点开了标题。收获了很不错的阅读量和销售量。

第二个标题比第一个强在哪儿呢?

首先我们必须明白:贪便宜是人类天性没错,但人们不喜欢滞销产品。绝大多数人都喜欢人气旺的产品,当畅销货突然优惠时,人们会更想冲动购买。

所以,当你写优惠标题时,**第一步不是急着报价,而是告诉读者产品的最大亮点:人气旺、销量高、功能强或是明**

四 标题抓人眼球

星青睐、媲美大牌。这些词会给你灵感：夏季爆款、畅销8年、护肤榜Top10、黑色星期五销量王、2016年度人气王、岛国妹纸人手一瓶、范爷同款、奔驰血统、英国女王御用等，它们都是吸引点击的利器。上述标题中，"2.5亿人在用"表明产品非常畅销，在全世界都获得了广泛认可，让读者有信赖感并且想一探究竟——什么样的净水壶这么牛？

第二步，写明具体低价政策。

人气产品"半价90元"，代价很低，很容易让需求顾客心动。写优惠类标题时，不要笼统地写"优惠"或"大促"，而是写出具体优惠政策，甚至直接写出价格，比如：免费、省下80元、买一送一、100元抵150元花、68元抢到、一份盒饭钱拿到（适用于价值20元产品）等。**不要写"欧美当红款包包超低价秒杀中"，而要写"Ins上晒疯了的设计师包包，居然只要1元钱！"**这样更有吸引力，你感受到了吗？

第三步，限时限量。

有了前两步，顾客可能"想买"，但他未必想"现在买"。"今天包邮"暗示着明天买就要多出邮费，这让读者紧张起来，情不自禁地更想点击阅读。

你可以试着在标题里营造稀缺感，告诉读者优惠是限时限量的，触发读者害怕失去优惠的情绪，以下这些词能给你启发：**限时1天，3小时后涨价，最后抄底机会，教师专享、仅限退休老人、30份售完即止等**，你可以灵活变通，用在

标题抓人眼球

你的标题里。当然，如果公司确实没有这类优惠政策，就省略这一步。

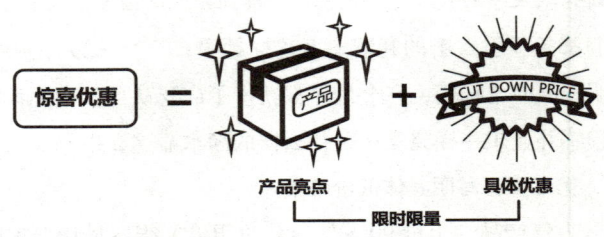

实践练习 | 惊喜优惠式标题

> 精致配饰新品大促，性价比超高！

一个国产配饰品牌刚创建不久，知名度不高，销量也并不突出。产品优势是由大牌设计师设计，款式时尚，材质精美，但是写到标题里感觉很平淡，很难吸引人点击。

> 忘了 Tiffany，花 400 多元你就能买到这些吸睛配饰！

第一步，写出产品亮点。由于产品没有明显特色，作者"故意"把大牌奢侈品作为参照物，暗示产品有很好的品质和设计感，可以制造了一个亮点"Tiffany"来抓取顾客的注

意力。你可以利用同样的方法，将你的促销产品与知名品牌、人物挂钩，激发读者更高的阅读兴趣。

第二步，写出明确低价。相比于奢侈品动辄上千元的售价，"400多元"让人有占便宜的感觉，产生低价淘到好产品的期待感。

由于当时公司没有限时限量的优惠政策，第三步略过。

> 惊喜优惠式标题 = 产品亮点（对标 Tiffany）+ 明确低价（400 多元）+ 限时限量（略过）

4.5 意外故事

人类天生就爱读故事。需要证明吗？想想你身边正在发生的事：闹市区，人们蜂拥到电影院，把自己置身于精彩故事的情境中；行业聚会时，大家围坐饭桌旁，最爱议论的是行业大佬的创业故事；打开网上书店，各类小说的销量总是长盛不衰。毫不夸张地说，人类离不开故事。

我们再进一步思考，把广告标题包装成故事标题，吸引力不就大大增强了吗？故事来源于生活：采访品牌创始人，他有过怎样离奇的经历？采访你们家的忠诚顾客，他们使用产品后有何感触，哪些事情让他惊喜？不妨着手调研，把这些宝贵的故事素材写进标题里。

四 标题抓人眼球

意外故事有两种写法：顾客证言和创业故事。

第一，顾客证言。

> 销售老司机教你独特的做单战法

我的朋友老刘是一名销售高手，他先后在三星、IBM等大公司担任大客户经理，销售业绩不俗，在业内小有名气。但是30岁以后，他越发迷茫和焦虑，因为大公司里高管职位稀缺，他发现自己很难晋升上去，被卡在尴尬的"中间阶级"。33岁时，他毅然辞职，创办了一家培训机构，专门培训销售员和业务员搞定大客户，拿下订单。

"我做销售的很多方法和别人不一样，甚至截然相反！"老刘对自己的课程内容很自信，他充满斗志，要给学员带来颠覆式的销售方法。他联系了10多位自媒体圈的好友，请他们在微信大号上宣传自己的培训课程，他写下标题"销售老司机教你独特的做单战法"，却被好友们一起泼了冷水，**"现在公众号里，到处都是热点新闻、八卦事件，你这么普通的标题怎么能和它们竞争？"** 老刘哑口无言，陷入了沉思。

"老关，我这标题该怎么写？"老刘找到我。

我详细询问了他的课程特色和培训成果，一个学员故事让我印象深刻：他参加老刘的培训班后，不折不扣地执行老刘所教，由于方法特别，一度遭到同事嘲笑，但他不为所

四 标题抓人眼球

动,顽强执行,最终在公司年会上登上颁奖舞台,领取年度销售冠军的奖杯!

"你的软文就以他的故事开头,而且,标题以他的口吻来说!"我建议老刘。于是,我为他写下下面这个标题。

> 同事嘴里"愚蠢的绝招",让我成为公司年度销售冠军

读完这个标题,你的心里可能冒出各种疑问:什么招会被同事称为"愚蠢"?同事为什么要这么难听地嘲讽"我"?我是怎么用"愚蠢"的方法取得成功的?这种方法我能不能学会,帮助我也成为公司明星?**同样,其他读者也会这样好奇,立刻点击标题去寻找答案。**

如何写出一个精彩的顾客证言标题?

第一步,描述糟糕开局。

自己花钱认真学来的方法,被同事评价为"愚蠢",嘲讽为"绝招",可想而知承受了怎样的压力。

第二步,展现圆满结局。

当读者预期"我"将痛苦失败时,话锋一转,告诉读者自己成为公司销售明星,与"糟糕开局"形成强烈反差。

顾客证言 = 糟糕开局 + 完满结局

四　标题抓人眼球

这样写有两个好处，第一，前后情节反差巨大，引起读者强烈好奇，诱导读者点击。第二，很多顾客看到糟糕开局后，心里会有一种优越感，"他条件比我差都能办到，我更没问题！"从而对产品更有信赖感，这种心态对成交很有利。

实践练习 | 顾客证言式标题

> 这门课程让你学会大方、自信地演讲

一个自媒体主打职场技能培训，签下一位国际演讲赛冠军为导师，开发了一门课程，10 节课教职场新人学演讲，从入门、熟练到精通，最终成为潇洒大方的演讲明星。

这个自媒体公司组建了一个 6 人团队，前后辛苦忙碌 6 个星期，为这门课程准备了精致的视频、文案、平面视觉材料，群策群力，务必要让发售取得轰动性成功。如果他们用的是上面这个标题，你会点击吗？你能感受到课程的巨大价值吗？

> 我从小口吃，昨晚两万观众听我演讲，持续鼓掌 5 分钟！

这个顾客证言标题仿佛焕然一新，立刻激起顾客的好奇：口吃的"我"如何精通演讲的？两万人的演讲在哪儿

四、标题抓人眼球

举行?"我"说什么让观众鼓掌这么久?这个演讲方法能否为我所用?好奇和期待引导读者情不自禁地点击。**这个标题乍一看和"愚蠢的绝招"标题不同,实际运用的是同一个构思方法**,先描述一个糟糕开局"我从小口吃",紧接着放出圆满结局"两万观众听我演讲"和"持续鼓掌5分钟",制造巨大反差,不但戏剧性十足,而且给读者一针强心剂,"我没有口吃,那应该能演讲得更好啊!"

> 顾客证言 = 糟糕开局(从小口吃)+ 圆满结局(两万观众,鼓掌5分钟)

第二,创业故事。

如果我们卖的是快消品,比如鲜花/蛋糕/卫生巾/美食,该如何写顾客证言式标题呢?

你会发现很难写出彩。

如果按照"糟糕开局 + 圆满结局"的方法,标题写出来可能是"抑郁的我吃了抹茶蛋糕,现在快乐地飞上了天!"这太夸张了啦,快消品哪有这种功效?!

不用担心,我们另有方法——在创始人身上找灵感。**意外故事的第二种写法是创业历程。**

四 标题抓人眼球

> 大众汽车高管辞职创业,做不一样的互联网卫生巾

前面我和你聊过张致玮,他和好友天成创办了一个互联网卫生巾品牌。天成创业前是大众汽车的销售高管,如果平铺直叙他的创业故事,标题就是上面这样,似乎没什么看点。

> 这个大男孩做了款卫生巾,男人居然争着用它来表白!
> 女人抢着用它秀恩爱

这个标题投在一个文艺的微信大号上,一举做到了 10 万+。这太不可思议了,当时那个公众号的头条阅读量才 3 万~5 万,推广软文居然打败了干货文章!

"和卫生巾一起,整整睡了 3 个月","第一盒卖给男人的卫生巾",这篇文章以创始人的真实故事为主线,讲述了一个大男孩心疼女朋友皮肤过敏,创业做卫生巾的故事,赢得了众多女生的认可,评论区满是好评,比如"包装好好看啊,立马被种草了!""这么清新脱俗的包装,这个土,我吃!"等等。

那篇文章卖了 3997 单,一单 78 元,如果你用计算器压一下,可以算出他一篇文案赚到 31 万多元销售额!**创业故事写得好,是可以创造真金白银的。**

张小二告诉我,创业故事标题最重要的是制造反差。你

四 标题抓人眼球

瞧,"大男孩",却要做女性私密产品"卫生巾",卫生巾本是经期用品,却被男生拿来表白,被女生拿来秀恩爱,一个标题里藏着3个反常事件,吸引读者点击进去一探究竟。

想想你们家品牌的发展历程中,有没有什么反常事件?你能制造怎样的反差吸引读者?

下面是4个制造反差的思路。

创始人学历和职业反差,比如"北大高才生卖猪肉""硅谷回国卖小龙虾"以及"初中学历成电商传奇"等。

创始人年龄反差,"84岁老翁自创美妆品牌"和"高中生获千万融资"等。

创始人境遇反差,"绘图美工成当家网红""网瘾少年变身千万富豪"以及"从破庙办公到年赚13亿"等。

消费者回应反差,"中国网游征服阿联酋土豪"和"让大妈迷上跳街舞"等。

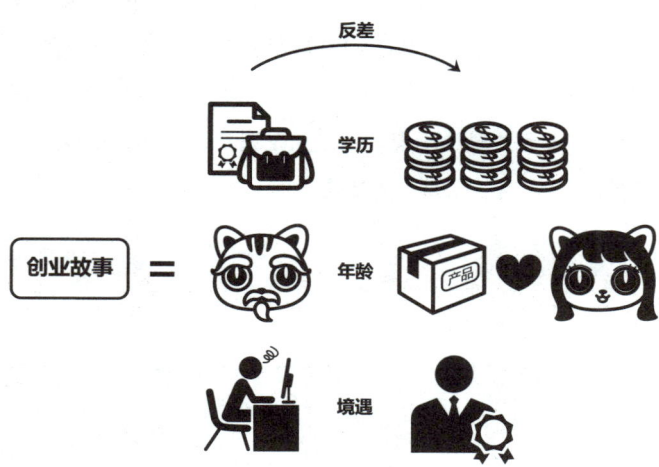

标题抓人眼球

— ✏ 实践练习 | 创业历程式标题 —

> 某某烧烤居酒屋开创餐饮行业新模式

　　两位清华毕业的高才生，在大学里学的是汽车制造专业，后顺利进入奔驰中国工作，一路走来成为高管。但高薪并不是他们的追求，他们要创业，创办一家独具特色的烧烤居酒屋。创始人表示，自己一开始连生菜和圆白菜都分不清楚，经过不断学习和探索，他们打造出一家汽车主题餐厅：入口有红绿灯，显示是否满座；墙上布置着实物车轮组合、工程制图、锅炉烤箱等，充满浓重的工业气息。他们请来米其林二星餐厅的厨师亲自操刀研发菜品，连一盘盐烤金针菇都经过多次迭代改版。这家店开业后就获得很好的口碑，营业额每个月都在快速增长。

　　这家店有很多亮点，足以整合成一篇精彩的创业故事文章。在一家知名门户网站，我看到编辑写下这样一个标题：《某某烧烤居酒屋开创餐饮行业新模式》。**这种标题看似高大上，实际无法触动读者，注定被茫茫资讯淹没，就像一艘夜晚驶过的小舟，从来无人知晓。**

> 奔驰汽车总监辞职卖烤串，半年月销从6万到30万

　　同样报道这家居酒屋，另一篇文章标题如上，一度在

四 标题抓人眼球

朋友圈广为流传,文章不仅报道了居酒屋的特色,还用一句话总结"奔驰品质、大众价格",并报道这家 140 平方米的店,月流水半年内就从 6 万提升至 30 多万,成为当时全国餐饮界热议的话题。

报道同一家居酒屋,为什么上一个标题无人问津,**而这个标题却引人注目呢?奥秘还是制造反差**。读者看到这个标题,心里会很好奇,首先奔驰汽车的总监应该是西装革履,高大上的优雅形象,而卖烤串更像是小摊贩做的事情,这两者放在一起形成巨大的反差。同时,6 万和 30 万营业额相差 5 倍之多,营业额增长如此之快,他是怎么做到的呢?他如何将奔驰公司的历练心得运用到卖烤串里去呢?**一个个问号推动着读者点击标题,到内文里找到答案。这就是制造反差的威力所在。**

范文
Model Copies

解析
Detailed Analysis

【充电宝详情页】
【啤酒文案】
【洗碗机冠军单品】
【电动牙刷推文】

毕加索 Picasso

好艺术家会模仿,伟大的艺术家会"偷"。

5.0 范文解析

恭喜你,看到这里,你已经读了71个精彩的文案范例,我相信你的眼界一定比以前更开阔。很多你困惑的难题,已被其他高手巧妙化解,看到他们的精彩"表演",一定会给你很多灵感。

但是我要提醒你:光看是没用的。你必须大量使用这些文案方法,才能把它们内化到你的思维里。下面是我为你准备的一张思维导图,写下一篇文案时,按以下流程完整走一遍,认真顽强地执行,我相信你会看到自己写出完全不一样的作品。

需要再次提醒你的是,这4个步骤里,第一步"标题抓人眼球"和第四步"引导马上下单"通常各出现一次,一头一尾,出场顺序是定死的,第二步"激发购买欲望"和第三步"赢得读者信任"都会出现多次,并且交替出现。一篇销售型文案的框架结构通常不是"1234",而是"12323234"。

你可能会说:看起来都很有道理,但还是不会用。

不要紧,下面我将为你展示一整篇完整的文案范文,并为你逐字逐句地详细分析,点破作者的背后意图。是的,你马上就能"偷窥"到高手的思维路径,看他们如何一步步把产品卖爆!

是不是很想看?

4篇完整的精彩范文就在前方,翻开下一页吧!

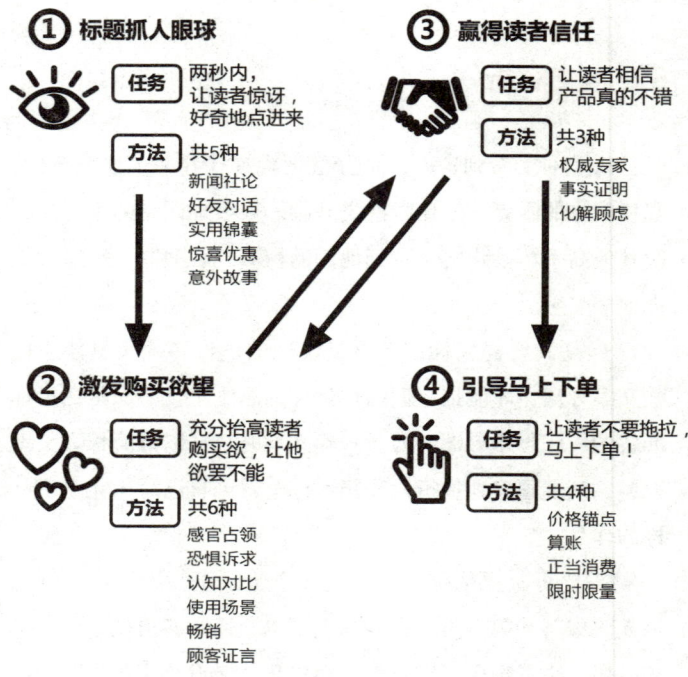

5.1 引爆 13 倍销量增长的充电宝详情页

推广背景

一说到南孚,你可能马上会想到电池。其实,南孚也有其他产品线。经过市场调研,他们发现很多消费者抱怨充电宝太大、太重,甚至戏称为"砖头",带出门很不方便。2016 年,他们推出了一款特别小巧的充电宝,试图在竞争激烈的市场中开辟一片新蓝海。

范文解析

新产品上市后,他们以天猫为主要电商阵地,购买平台广告位增加曝光,为产品详情页引流。遗憾的是,大批流量进入页面后,却很难转化为最终的支付订单。通俗地说,就是顾客看到产品页面后,没被打动,并不想买。

他们聘请了营销专家陈勇老师与南孚市场部成立重点项目组,下决心大幅度提升页面的支付转化率。

他们能成功逆转吗?

👍 **产品卖点**

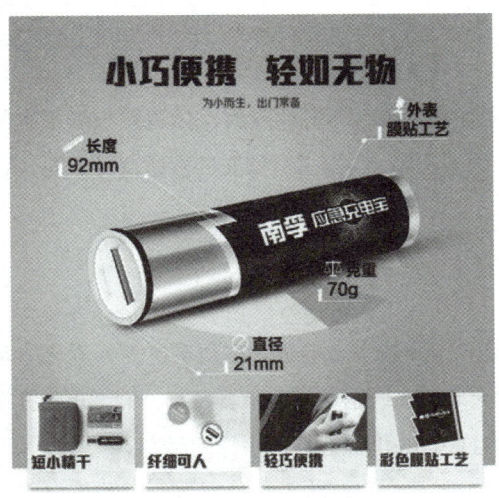

在推广初期,他们对充电宝的定位是"应急充电宝",主打这4个卖点:

五、范文解析

- 短小精干：放在包里，完全不占地方。
- 纤细可人：直径相当于5角硬币。
- 轻巧便携：随身携带，轻如无物。
- 高颜值：前期主打"彩色膜贴工艺"，之后升级为"阳极氧化工艺"。

四步骤分析

① 标题吸引眼球

这篇文案在电商平台投放，标题要根据平台的关键词热度等因素决定，与本书写软文的标题逻辑不同，在此不表。

② 激发购买欲望

2016年开始卖充电宝，在很多电商人看来入场太迟。当时，充电宝在中国已经非常普及了，大城市里几乎人手一台，而且大家心里都有自己中意的品牌。

问题来了——怎样才能说服他们再买一台呢？而且是一个他们没用过的充电宝新品牌？

五 范文解析

③ 赢得读者信任

陈勇老师和南孚市场部做了细致的数据分析和调研，认为消费者的核心需求有两个：

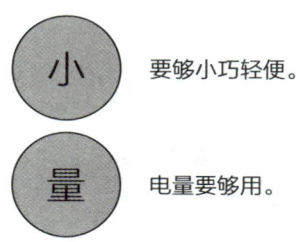

要够小巧轻便。

电量要够用。

而详情页的主要目标，就是让顾客相信产品能做到这两点。

小巧是这款产品最大的亮点，它长 92mm，直径 21mm，重量为 70g，初期推广时，文案是这样描述的，"单手可握，放在包里不占地方"。问题是这样讲还是太模糊。到底有多小？读者想象不到。

至于电量，则是这款产品推广初期轻描淡写的话题。一台没电关机的 iPhone 6s，用它充电，最多可以充到 95%。在如此小的体积之下，能充这么多电已属不易，但是消费者看完感觉并不好，心想：嘿，连一次都充不满！很可能放弃购买。

陈勇面临一大难题：该如何让顾客相信"电量够用"？

④引导马上下单

这款产品的售价为 45 元,逢节庆会小幅降价优惠。这个价格基本人人都买得起,倒不是什么难题。

总结这个详情页的三大难题:

1. 如何让有充电宝的顾客再买一台,并且还愿意尝试新品牌?
2. 怎么让顾客相信产品够小巧?
3. 怎么让顾客相信电量够用?

我们看陈勇老师和南孚市场部是如何一一破解的。

 范文解析

② 激发购买欲望

考虑到顾客淘宝时是一种"逛"的心态,因此,陈勇老师和南孚市场部先放上一幅漫画,诙谐地吐槽传统充电宝,**运用了【恐惧诉求】的方法**:

1. 痛苦场景:下班后约会、晚上聚会和逛街一天时,都要长时间用笨重充电宝。

2. 严重后果:如果不解决这个问题,以后还是要拿着"砖头"受罪!

这些场景从哪儿来呢?陈勇老师和南孚市场部经过消费者调研,发现这3个场景是发生频率最高的,因此写在文案里,有更大胜算能打动读者。

五 范文解析

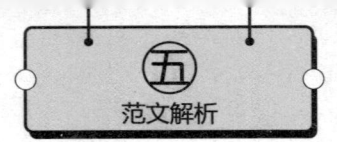

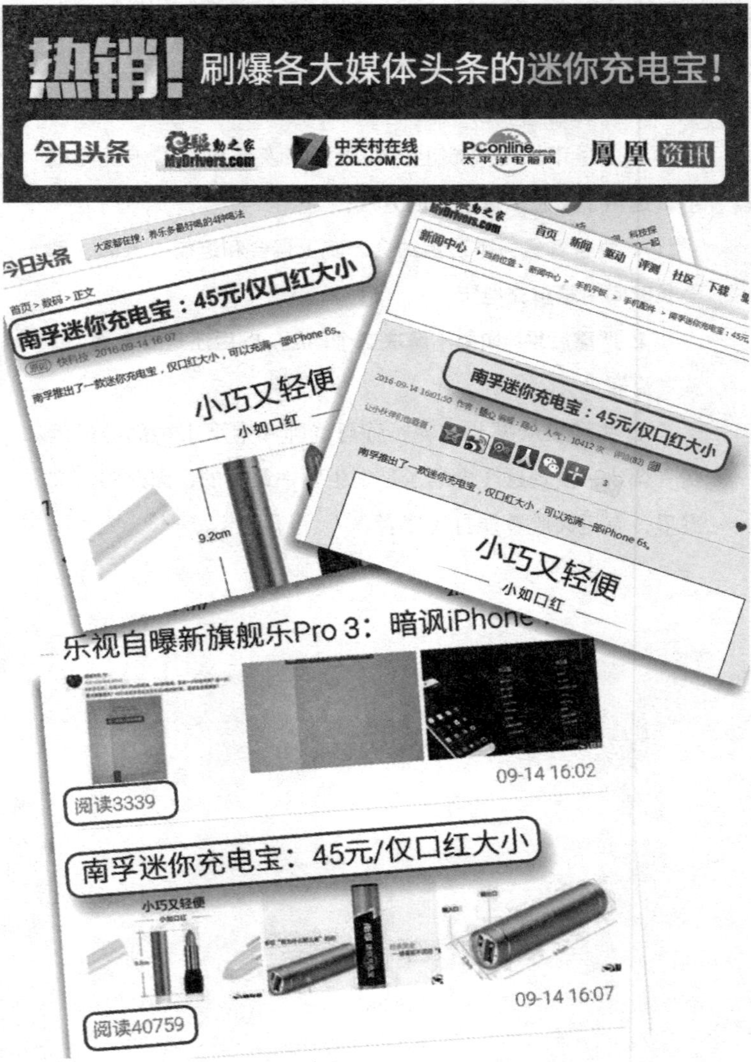
热销！刷爆各大媒体头条的迷你充电宝！
今日头条
MyDrivers.com
中关村在线
ZOL.COM.CN
PConline
太平洋电脑网
凤凰资讯
南孚迷你充电宝：45元/仅口红大小
南孚推出了一款迷你充电宝，仅口红大小，可以充满一部iPhone 6s。
小巧又轻便
小如口红
9.2cm
南孚迷你充电宝：45元/仅口红大小
南孚推出了一款迷你充电宝，仅口红大小，可以充满一部iPhone 6s。
小巧又轻便
小如口红
乐视自曝新旗舰乐Pro 3：暗讽iPhone
09-14 16:02
阅读3339
南孚迷你充电宝：45元/仅口红大小
小巧又轻便
09-14 16:07
阅读40759

② 激发购买欲望 & ③ 赢得读者信任

一张图用了两个文案技巧。

"热销！刷爆各大媒体头条的迷你充电宝！"运用【畅销】这一武器，激发读者好奇心和购买欲，想知道产品到底有什么特色，能如此受欢迎？

而画面中突出的"今日头条"和"驱动之家"等知名媒体，则是用【权威】为产品背书，让读者感觉大媒体都在报道，质量应该不会差。

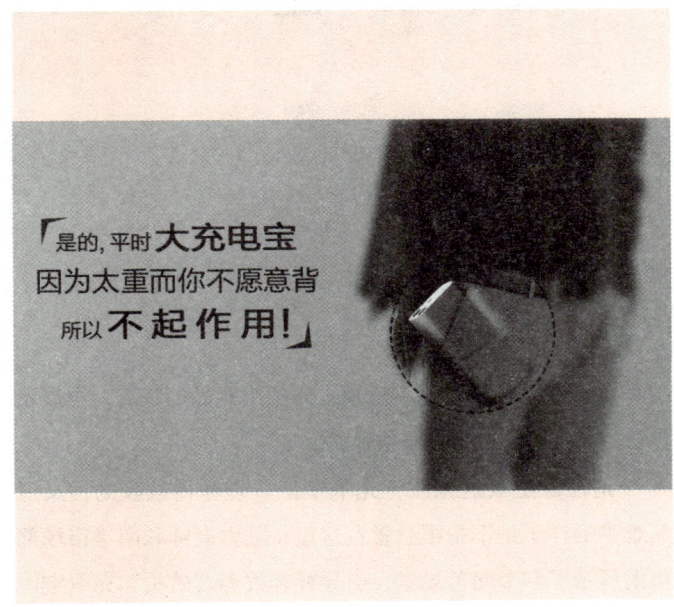

五 范文解析

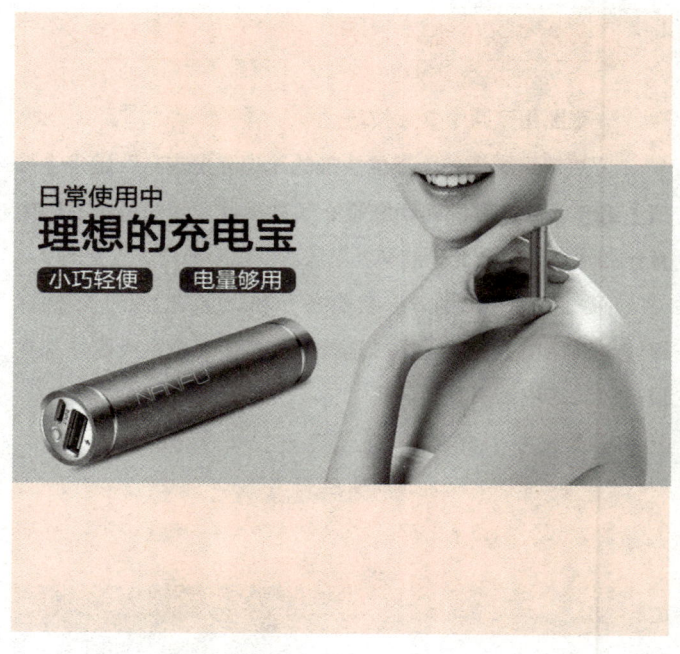

② 激发购买欲望

经典的【认知对比】运用：先指出竞品的缺点，再展示自己的优点，会显得自己格外好。

请注意上页这张图，充电宝把口袋塞得鼓鼓的，又丑又难受的样子是不是很熟悉？这里，陈勇老师和南孚市场部再次展示了一个痛苦场景，引导顾客放弃"砖头"充电宝。

五 范文解析

第二张图指出理想充电宝的两大特性，暗示自己的产品就拥有这些优点。

接下来，陈勇老师和南孚市场部要解决下一个难题：南孚充电宝的尺寸是 9.2cm × 2.1cm 直径的圆柱体，确实小巧，但怎么隔着屏幕就让顾客感受到？总不能让人掏出尺子比划吧？

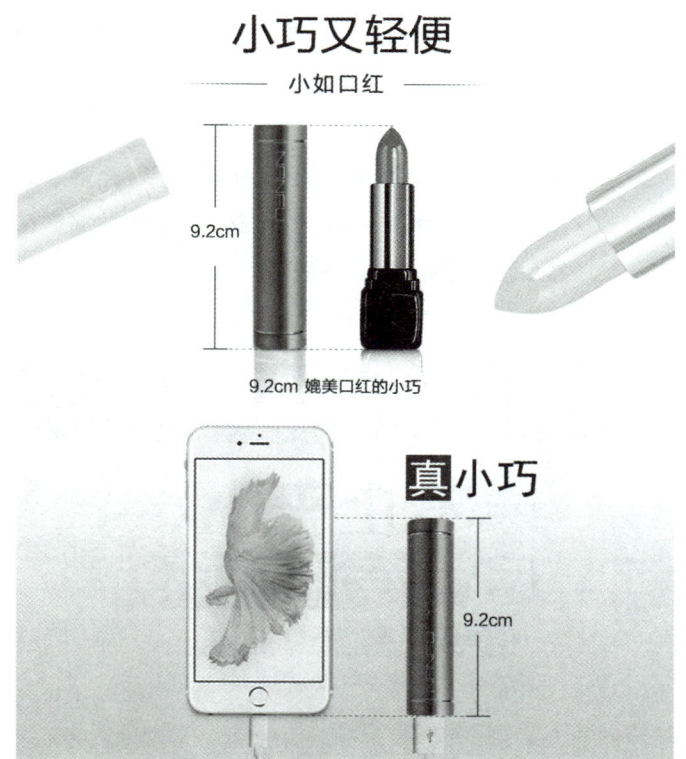

五 范文解析

③ 赢得读者信任

　　一句"小如口红",顾客秒懂了。推广初期说的"硬币直径大小"和"轻松放进口袋"都不够直观,"小如口红"让读者瞬间就想象出产品的全貌,运用【事实证明】让读者相信:啊!还真是够小的!

　　为了帮读者进一步确认这件事,上图展示了当时正火的 iPhone 6s,把它和产品放在一起,读者可以看到,这款充电宝的长度仅仅是 iPhone 的 2/3,读者拿出手机目测一下,就能想象到产品的尺寸。

　　接下来,陈勇老师和南孚市场部要解决另一个棘手的问题:这款产品只能给 iPhone 6s 充电到 95%,无法完整充满一次,怎么让读者相信电量够用呢?

确实很小巧 但是电量够用吗?

不止于小
尽管专注小巧
但我还有2500毫安
且肯定能将你的iPhone6s从电量报警
轻松充满

电量足够用

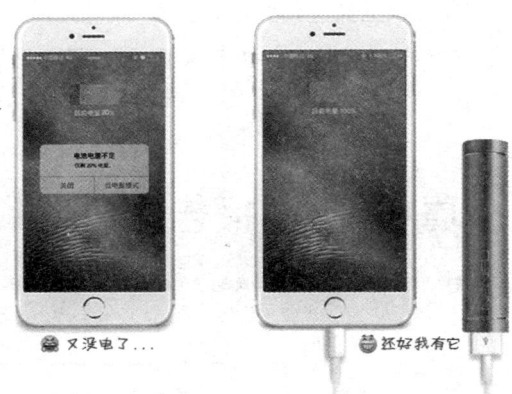

温馨提醒：手机电量报警时开始充电能大大延长手机电池寿命

从 0 充到 95% 是缺憾的，陈勇老师和南孚市场部机智地换了个角度，告诉读者能从电量报警轻松充满，嘿，这听起来舒服多了啊！在大部分人的认知里，外出用手机，能充满一次，也就基本够用了。

这句话看似简单，背后有两点深刻的消费者洞察：

1. 无论 iPhone 还是安卓手机，当电量低于 20% 时都会报警，大家这时都会感到缺乏安全感，开始想充电。

2. 很多人会这样认为：不要等完全没电了才充电，那样对电池不好，在报警时就要充了。

所以，当他提出"从电量报警轻松充满"时，读者并

范文解析

不会觉得奇怪，一下子就接受了。

接下来，陈勇老师和南孚市场部要解决另一个难题，很多读者是第一次见到这么小的充电宝，难免会怀疑：它真能从电量报警充到满吗？如果我买回来，发现只能充到70%怎么办？

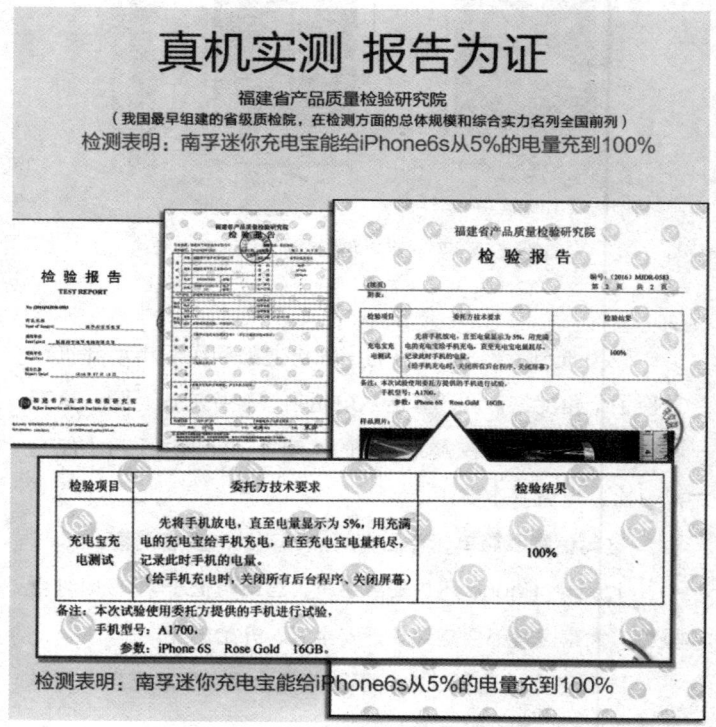

③ 赢得读者信任

陈勇老师和南孚市场部找到专业机构出了份检测报告，用【权威转嫁】证明电量够用。 做过检测报告的朋友都知道，报告文件又长又复杂，消费者看起来很吃力，因此，陈勇老师和南孚市场部特地将结论放大，并加红字解释，让读者一目了然。

这里要请你注意一个细节：南孚的总部在福建，因此，他们找到福建的机构做检测，如果只是写上这家机构的名称，读者就可能心生质疑：这家机构没听说过，检测够专业吗？够严格吗？有的读者逛其他产品页面时，看到过国家级专业机构开出的检测报告，因此会质疑：省级机构的报告靠谱吗？

陈勇老师和南孚市场部在机构名称后，紧接着补上一句"我国最早组建的省级质检院……名列全国前列"，让读者放心，没"机会"产生这样的质疑。**我们在【权威转嫁】那一节提到过，借势权威时一定要突出"权威"的含金量，这就是一次教科书式的示范。**

这时，读者就相信电量肯定够用了吗？未必。当时主流的充电宝电量有15000毫安，能给手机充好几趟，而这款产品只能充接近1趟，还是会有一些读者质疑：真的够用吗？陈勇老师和南孚市场部会如何解决这一问题呢？

五 范文解析

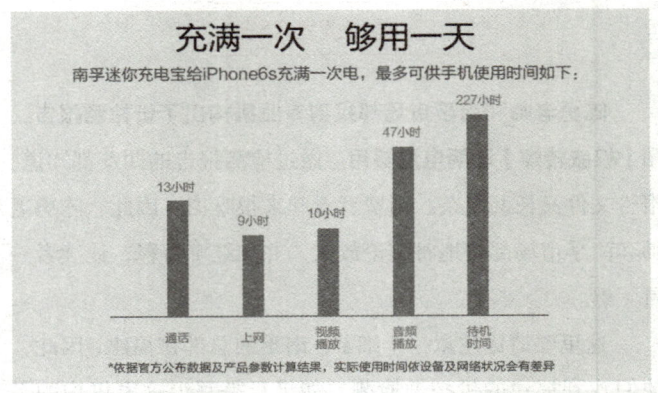

③ 赢得读者信任

　　顾客担心电量不够用，这种担心是模糊的，陈勇帮读者算了笔明白账：咱用手机，无非就是上网、通话、看视频等用途吧，那么，咱就把它们列出来，看看到底能用多久？

范文解析

结果发现,上网最耗电,充满一次也够用 9 个小时,意味着傍晚 6 点出门,啥都不干一直在上网,也能用到凌晨 3 点,对大部分人来说肯定够了。**文案里强调"够用一天",读者也能理解,因为出门一天回到家或旅馆,就有插座充电了呀!看来是够用的!**

综上,文案已经让读者相信产品够小巧,电量够用了,核心需求获得满足了,这时是不是就万事大吉了呢?还没有!

充电宝经常要在社交场合拿出来,因此颜值很重要,一些产品用久了会刮花、泛黄,让人"掉身价",我们该怎么让读者相信这款产品不会这样?

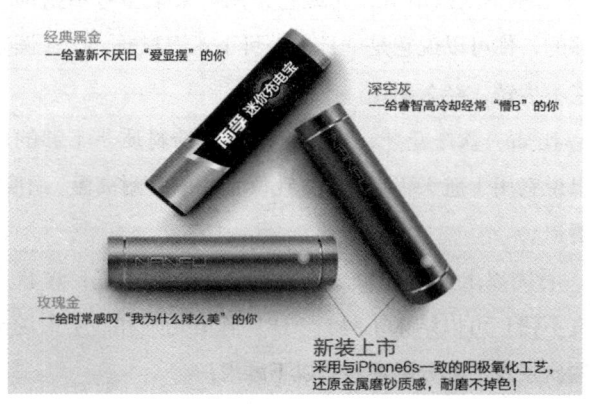

范文解析

这款产品的表层采用阳极氧化工艺,很多营销人会搜索"阳极氧化",把搜索结果"拥有良好的耐热性、硬度和耐磨性极佳"写进文案里,但这样讲听起来像是自吹自擂,读者会感到怀疑。

③ 赢得读者信任

陈勇老师和研发人员仔细沟通,在讨论中,他发现 iPhone 6s 也是用这种工艺,一句"与 iPhone 6s 一致的阳极氧化工艺",**将明星手机的工艺权威性转嫁到自己的产品上,让顾客相信产品很耐磨,而且觉得工艺很高级。**

这个技巧很常见,也很好用:当你的产品拥有特色工艺时,你说这个工艺的术语读者可能听不懂,你必须将它链接到权威事物或高科技事物上。

比如一款指甲剪,光说它采用"某某型号不锈钢"是不够的,你可以说它是"日本外科手术刀材质",让读者相信它不生锈,经久耐用。

比如一款烤瓷牙,光说它是氧化锆材质是不够的,你可以说它用于航天飞机机身,让读者相信它耐高温、耐腐蚀、耐磨损。

看完以上内容,很多读者都会感觉到:嘿!这款产品还真不错!可以结束了吗? NO!陈勇老师和南孚市场部经过调研发现,**部分顾客还有以下顾虑:**

1. 页面上都是拿 iPhone 举例，我家的安卓手机、手环、kindle 能充吗？

2. 这款充电宝安全吗？这些年有些充电宝事故的新闻，蛮吓人的呢！

3. 我经常出差，这款充电宝能带上飞机吗？

广泛的智能兼容

采用智能技术，智能检测电子设备的内部管理芯片
自动调节输出电量，支持市面上大部分电子设备的充电接口

苹果手机

安卓手机

智能手环

kindle

四重技术　安全可靠

全面保护电路，使用安全更放心
南孚出品，品质保障！

过流保护
智能检测输出电流，防止电流过大损坏手机

短路保护
发生异常短路时自动保护，防止主板和电芯损毁

过放保护
充电宝电量用完后，保护自动断开放电电路，防止过度放电损坏电芯

过充保护
给充电宝充满电之后，保护自动断开充电电路，防止过度充电导致电芯电压过高损坏电芯

179

范文解析

③ 赢得读者信任

3张图,直接明了地【化解顾虑】,让读者感觉到:我担心的,这个品牌都考虑到了呢,从而安心地点下"购买"按钮。

销售数据

还记得一开始的文案吗?"小巧轻便,轻松放进口袋",读者看完还是想象不出它有多小,"应急充电宝"的定位,让人觉得没必要买,因为"应急"是个陌生概念,读者想不到哪些场景需要应急,自然也就不会买了啊!

范文解析

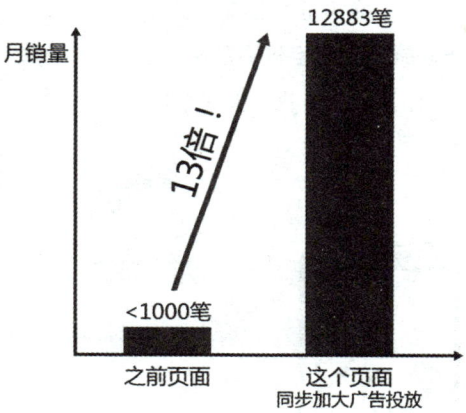

而陈勇老师和南孚市场部的文案给出了具体的使用场景，主动提出顾客的两个核心需求，一一满足，并且给出了让人信服的证明，让意向顾客难以拒绝，纷纷下单，让这款产品的页面支付转化率提升了 2.14 倍！**此前，这款产品的月销量不足 1000 笔，新版文案上线后加大广告投放，两个月后，月销量增长至 12883 笔，累计 12251 条评论，月销量增长了 13 倍多！**这款产品也成为南孚新一代拳头产品。

5.2 让人流口水的啤酒文案

推广背景

听我唠叨了这么久，你想不想看看我写的卖货文案？

2347个字,卖一种看起来很简单的商品——啤酒。

几个月前,我的手机突然响了,是一个来自北京的陌生号码。"Hi,老关,我是强亚东!"

Hi,老关,我是强亚东!

我沉默了几秒,好耳熟啊。啊哈,我想起来了,那个业内人称"全中国最会起名字的人"!他策划的烤鸭外卖品牌"叫个鸭子"让人过目不忘,这个品牌名很契合产品,带着色情暗示,让人很想笑,谁能忘记这个名字呢?今天他来找我,是需要我做什么呢?

"我做了个精酿啤酒品牌,叫斑马,"他说,"我们的文案没找对方向,投放之后效果不太理想,需要你的帮助!你的地址发一下,我给你寄一箱,你先尝尝!"嘿,他是一个语速很快,充满激情的人!接着,他用15分钟给我做了啤酒科普,讲了工业啤酒的缺点,精酿啤酒的优点,

五 范文解析

我回复他"我考虑考虑"。**啤酒品牌何其多,我必须先确认他的产品确实有亮点,有卖爆的潜力。**

很快,我收到了一个大箱子,强亚东给我寄了整整 24 瓶啤酒!我拿出几瓶放在冰箱里,傍晚拿出来喝。我平常不怎么喝酒,各种品牌的啤酒在我看来都差不多,但这瓶酒一打开,我就发现它不一样:一阵香气飘来,倒进酒杯里,酒液是金黄色的,泡沫堆得老高,喝一口,哇,真爽,感觉到喉咙、食道都冰爽透凉,味道很新鲜、很顺口、很香,总之一句话——好喝!

我决定接下这个项目!

👍 产品卖点

市面上大部分几块钱一瓶的啤酒,都是工业啤酒,酿酒的原料普遍不是很好,所以喝起来没味道,也不好喝。相比之下,精酿啤酒原料好,工艺好,也更好喝。斑马啤酒的第一版推广文案标题是《好看的皮囊千篇一律,有趣的灵魂万里挑一,啤酒也是》,大部分篇幅就在阐述精酿啤酒各方面的优势:

> • 原料之大麦芽:进口澳大利亚东南部墨累—达令河流域种植的大麦,"澳大利亚的大麦在全球数一数二,好比在新疆吐鲁番种出来的葡萄,酿出

五 范文解析

> 的啤酒特别棒!"
>
> ● 原料之啤酒花:德国哈拉道地区的酒花,"人称哈拉道珍珠,属于啤酒花中的上品。在赋予啤酒特别香味的同时,也延长了啤酒的保存期,是天然的防腐剂。"
>
> ● 原料之酵母:酵母是健康的活的生物,含丰富的维他命B,"斑马精酿选用比利时酵母不是没有原因的。"
>
> ● 酿造工艺:德国认证的啤酒酿酒师,30年啤酒酿造经验,把控每一个细节。从制麦到包装,斑马精酿全线采用德国克朗斯酿酒设备,造价不菲,堪称啤酒生产线中的"劳斯莱斯"。

第一版文案写得很用心,措辞精炼,但是犯了一个很多人都会犯的错——罗列卖点,以为将产品卖点讲得详细、精彩,读者就会掏钱下单了,而真相是:不会!

我们按照爆款文案的四步骤来分析,我们就会发现:

标题太文艺,不够抓人眼球;

太少篇幅去激发购买欲望,读者看完并不很想买;

单纯靠描述产品的原料、工艺去赢得顾客信任,有些单一,说服力不够;

没有写任何文案"引导马上下单",读者自然不会想马上掏钱咯!

五 范文解析

 四步骤分析

说了人家这么多坏话，该轮到我上场了。

我会怎么写呢？我知道，答案就藏在四步骤里。

① 标题吸引眼球

首先我过了一遍好标题的 5 种句式，还记得它们吗？新闻社论、好友对话、实用锦囊、惊喜优惠和意外故事。亚东给了我一个要求：不要写创始人故事，"我希望这个品牌做 20 年以上，我希望大家记住的是斑马，而不是某个人。"所以我排除掉"意外故事"，**在剩下的 4 种里**，我发现"好友对话"挺合适。人们想喝啤酒时，通常是在一种很放松、很随意的状态下，我用聊天的方式引起人们注意，听起来就很自然。

② 激发购买欲望

首先我要搞明白一点：人们为什么想喝好啤酒？

我首先想到的是"好喝"。**人们对美食、饮料的需求，可以说是一种刚需**，几乎每个人都需要，而且需求很强烈，OK，这是第一个需求，但这显然不够啊。

我翻开通讯录，找出五六位爱喝啤酒的朋友，和他们

五 范文解析

——聊天，我发现"好奇尝鲜"是买酒的另一个强烈动机。他们都有自己常喝的品牌，**但是，他们也都很喜欢尝试新品牌，甚至会去买啤酒"集锦装"**，就是请卖家随机发来一箱酒，里面有6到8种未知品牌的啤酒，体验这种惊喜的感觉。OK，"好奇尝鲜"是第二个需求。

我也和身边的一些文案高手探讨过，他们认为，人们喝酒有满足"优越感"的需求。很多精酿啤酒爱好者，多多少少都有这种优越感，嘿，我喝的是有历史、有文化的好酒，一般人喝的是千篇一律的工业啤酒，我当然感觉良好啦！有的人会在酒桌上大秀自己的啤酒知识，有种上舞台表演的自豪感。

我曾经想把这种优越感写进文案，但后来我发现，对于大多数人来说，这种自豪感最好藏在心里，直白说出来显得很刻意、很矫情，惹人讨厌，最终，我放弃描述这一点。

③ 赢得读者信任

我有大量的素材来赢得读者信任，刚才提到的原材料、酿酒师、酿酒工艺都能说，但有一个问题始终困扰着我。

假设我已经说服读者放弃工业啤酒，选择精酿啤酒了，对于他来说，他为什么要选择斑马呢？他为什么不去买一个外国品牌呢？精酿啤酒发源于欧洲，在美国蓬勃发展，大家都认为它属于欧美生活方式的一部分，更信任欧美的牌子。

斑马精酿的原材料、制作工艺都很不错,但它是中国品牌,酿酒师也是中国人。在海淘盛行的今天,大家普遍都认可进口货,凭什么让读者信赖国货、购买国产啤酒呢?

④引导马上下单

这个步骤我并不很担心。

斑马啤酒的售价不贵,最低的6瓶装卖72元,12瓶装卖144元,平均一瓶酒也就12元,大部分人都能接受。我只需要运用一些技巧,让这个价格看起来更便宜就行了。具体怎么做,看下去就知道啦。

范文解析

在全世界畅销了500多年,冰镇喝爽到想哭的啤酒,你想尝一口吗?

① 标题吸引眼球

什么啤酒在全世界畅销了500多年?极少人能答出来,**所以我用这段话开头,留给读者一个悬念,吸引他点进来。**光靠悬念勾人,我还觉得不够保险。**当时是盛夏季节,全国各地都热得冒烟,"冰镇啤酒"有超强的诱惑力,我把它放**

进标题,作为第二个吸引人的"钩子"。

从小到大,长辈都教育我们,当别人问你话的时候,你要回答,这是礼貌。**我就利用这个心理,向读者发问,引发他下意识地回答**,"你想尝一口吗?"回答当然是想啦!带着这样的想法,很多读者就会点进来一探究竟。

你可能会觉得很疑惑:这款啤酒明明是刚刚上市发售的,为什么说它畅销了 500 年呢?往下看就知道了。

请问:你喝什么牌子的啤酒?

这篇文章比较长,如果读者觉得没意思,他随时可能关掉,因此我在内文每个阶段都设置了悬念,吸引读者情不自禁地往下读,这句话是我设置的第一个悬念。

在读者看来,这个问题很突然,也很有趣,你发现了吗?消费类话题一直都是大家爱聊的,比如去哪儿玩、去哪儿吃、穿什么、用什么等,这个问题同样能勾起读者兴趣。

这个问题要放到 3 年前,答案无非是那些超市常见的品牌……在今天,你会发现这些酒大家还喝,但是越来越多人开始喝纯英文的进口酒,说到理由,大家常说 4 个字:

精酿啤酒
Craft Beer

范文解析

精酿啤酒这两年越来越火,已经从"传统强国"德国、比利时和英国蔓延开来,征服了美国、澳大利亚,在中国也迅猛发展。这就让人很好奇了——

· 到底什么是精酿啤酒?
· 它和我们以前喝的啤酒有什么区别?

当时我们做了小范围调研,发现不少人已经喝过进口啤酒了,比如德国酒、比利时酒,很多人也听过"精酿啤酒",但不了解具体是什么意思。于是我抛出两个关于精酿啤酒的问题,再次勾起读者好奇心,吸引他往下读。

接下来,我将用最通俗的语言告诉你答案,并且,我还会为你推荐一款好喝、不贵的精酿啤酒。

这句话看似不起眼,其实非常重要。我写的第一版文案里没这句,在文章中间才提到要推荐斑马,读者反馈感觉很突然,有种不爽,"哼!搞了半天是广告啊!"于是我在这里就提前预告:嘿,朋友,这篇文章会向你卖东西哒!让他先有个准备,之后看到产品推荐时,心里就会舒服很多。

啤酒行业的最大内幕

用大规模设备,产出超高产量,卖几块钱一罐的,很

五 范文解析

工业啤酒　　　　　　　精酿啤酒

酿造主食材

多都是工业啤酒,它和精酿啤酒到底有何差别?

•工业啤酒:为了降低成本,掺入大米、玉米来代替麦芽,因为更便宜!为了加快生产速度,在发酵过程中会加热,把原本需要1~2个月的发酵时间,压缩到10天左右,导致酒无法充分发酵。

这样酿出的啤酒,麦芽汁浓度非常低,口感很淡,被啤酒爱好者称为"水啤"(淡得像水)。部分产品含有一些不良物质,喝多了容易头痛。

•精酿啤酒:使用纯麦芽酿造,不掺入任何一点廉价食材,充分发酵1~2个月,酿出来的酒麦芽汁浓度高,口感醇厚,香气十足!喝醉了通常不会上头,醒来感觉良好,想干啥干啥。

商务应酬的时候,我们没办法,必须陪着喝"水啤"。当自己做主时,我们为什么不试试精酿?

② 激发购买欲望

在这一部分,我运用【认知对比】激发读者购买精酿啤酒的欲望。我对工业啤酒的批评正中靶心,很多读者反馈:"难怪工业啤酒不好喝!"也有人恍然大悟:"原来啤酒是这样酿出来的!"看完这段话,他们对精酿啤酒更加好奇了。毕竟好啤酒也贵不到哪儿去,口感、品质却完全不同,试着买几瓶,有何不可?说服读者接受精酿啤酒后,我要面对一个更棘手的难题——说服他买斑马,而不是其他进口品牌,我会怎么做呢?

精酿里的"大众情人"

精酿啤酒款式非常多,大家经常会问:"哪一款比较好喝啊?"

我又抛出一个读者关心的问题,继续锁定他的注意力,你可以看到,我在每个阶段都埋了悬念,让他马不停蹄,一路看下来。

其实每个人口感喜好都不一样,这并没有标准。市面上常见的精酿有这么 3 种,看看你喜欢哪种?

第一种口感清淡,加入橙皮、香菜籽等食材发酵而成,**水果味、香料味浓**,有人很喜欢,也有人觉得香料味太奇怪。

第二种喝起来感觉又浓又苦,比如精酿爱好者常说的世

五 范文解析

涛、IPA等,重口味的老玩家非常喜欢,但是大多数普通人喝一口就感觉太苦、太冲,喝不惯。

我今天向你推荐的是斑马精酿啤酒,它属于第三种,德式小麦啤酒。

事实上,精酿啤酒有成千上万种,但我只介绍最常见的3种,这样就把事情简化了,让读者读起来很轻松。请注意,当我介绍另两种酒时,我并没有贬低它们,这样做会让它们的支持者很反感,认为作者很不客观,为了卖自家产品乱说。

我不吹不黑地介绍,第一种市面上很流行,很多人都喝过,已经无须我啰唆,第二种确实太苦,可以排除掉,那么适合读者的自然是第三种——德式小麦啤酒,也就是斑马卖的这种酒。这样写,我就可以很自然地过渡到产品介绍。

五 范文解析

前面两种酒属于个性选手,有人爱,也有人很不喜欢。**德式小麦啤酒呢,就像是精酿里的"大众情人",大多数人喝完都觉得不错,至少不会排斥。**

德式小麦的主食材100%是麦芽汁,不能掺大米、玉米,也不能掺任何水果或香料,**一定要酿出浓郁的100%纯麦汁酒液**——德国人心中的纯正好味道。

② 激发购买欲望

在这里,我第一次提出精酿"大众情人"这个概念,它源自我做功课时的思考。斑马这款酒属于德式小麦啤酒,只用纯纯的大麦芽和小麦芽酿成,相比之下,其他精酿啤酒花样就多了,有的加了水果,有的加了大量啤酒花,有的加了较多烘烤麦芽,味道相对比较另类,因此常有人说喝不惯。

所以我的主张是:你可以喝各种口味的精酿啤酒,但是这款味道经典,广受欢迎,是你最可能喜欢的,你可以先试试它!

当你把斑马精酿倒进杯子里时,你会发现酒液呈特别鲜亮的金黄色,不深也不浅,就像它的口感,不浓也不淡,有一种恰到好处的平衡。

第一次入口时,舌头会尝到醇厚浓郁的麦芽味,你会突然发现,原来麦芽可以这么香!**它比工业啤酒、果香味精**

范文解析

酿都更浓郁，但不会太苦，苦味会在你的舌根一闪而过，**紧接着渗出一种类似蜂蜜的甘甜，鼻腔里弥漫着麦香味，久久不散**。

工业啤酒喝起来有种煮熟开水的沉闷感，而且很涩，入口有刺、麻等不适感，而当你喝德式小麦啤酒时，你会感觉酒**特别透凉**，**特别生鲜**，**像刚榨好的果蔬汁还加了冰块**，喝起来很柔和，很顺滑，"咕咚咕咚"一口接一口喝完，3分钟干掉一瓶330ml毫无压力。

这款酒放了3种德国进口啤酒花，当你鼻子凑近闻时，除了能闻到麦香味之外，还能闻到淡淡的**鲜花香和热带水果香**，让你感到放松，心情也跟着愉悦起来。

② 激发购买欲望

我们分析过，人们买酒的一大需求就是"好喝"，问题是，如果我写"香浓美味"之类的形容词，根本打动不了读者，这该怎么办？

我扫了一遍激发购买欲望的5种方法，【感官占领】用在这里太合适了！我从冰箱里取出一瓶斑马，再次仔细品尝了一遍，又打电话给它的酿酒师陈宏老师，梳理了它的口感特点，并用感官占领描绘出来：看到的酒的样子，闻到的酒香，尝到的酒味，心里的感受……让读者充分感受到——喝一瓶冰镇好啤酒真是爽！

传说中举世闻名的德国啤酒，就是这种100%纯小麦精酿，从1516年《德国啤酒纯净法》颁布开始，**它已经持续畅销了500多年，一直是全球大销量酒型之一。**今天你就可以买到它，想不想试一下？

② 激发购买欲望

这段话也源自我做功课时的发现。当我读到1516年小麦啤酒已经在德国盛行时，我有些吃惊，没想到这种酒有如此悠久的历史。酿酒师陈宏老师告诉我，它一直是全世界最畅销的酒型之一，这时我脑海里闪过一个念头，这种酒卖得

久,又卖得好,这不就是【畅销】吗?于是我重点讲了这个话题,告诉读者:有一种酒畅销了500多年,而你一口都没喝过,为什么不试试?

如果写到这里,我就号召读者下单,他心里可能会有一个很大的疑惑:既然德国小麦啤酒这么好,我为什么不去买德国的品牌?它们不是更正宗吗?

是时候解决这个该死的问题了。

中国人最爱喝哪种精酿?

不同款的德式小麦精酿,浓淡、香味上也不同,中国人最喜欢的是哪一种?为了揭开这个谜底,**斑马团队想出了一个"笨"方法——拦路人,请喝酒!**"桌上放8杯酒,没有瓶标,只写着1号到8号,喝完请人家排序,哪款好喝,哪款不好喝。"

这个测试持续了6个月,在北京三里屯、上海环贸iapm和深圳华润万象城累计找了2437个路人测试,前后测了36款酒,18款自己研发的,18款是市面上的进口酒。

这款德式小麦综合得分是最高的,8款酒PK的时候,它基本都是前3名。

③ 赢得读者信任

斑马啤酒在上市前,进行了长达半年的配方测试,在团队成员看来,这是习以为常的工作,没人想到把它写进文案里。而我"旁观者清",这是多好的话题啊!"盲测啤酒"对于大多数人来说很新鲜、很有趣,**这款酒能在盲测 PK 中打败进口酒,稳定跻身前三名,足以证明它受欢迎,我摁动【畅销】按钮,让读者更信赖这款酒。**

在这一段里,我找出了进口酒的软肋。德国产的小麦精酿固然正宗,但是,正宗不等于好喝啊!很多人都有这样的经历:尝试性地喝外国酒,发现要么太苦,要么太呛,作为中国人喝不习惯。德国人"固执"是出了名的,他们会为了迎合中国人搞盲测、做产品改进吗?不可能!只有中国同胞会这么做。这样分析,国产背景反而成了优势。

"很多路人喝完进口酒,都说太苦了,喝斑马就没反映这个问题。"大部分男生的评价是"麦香味浓""口感饱满""特别顺口",女生的评价就比较简单,"好喝""很香""很新鲜"。

③ 赢得读者信任

我特地问了负责盲测的同事,了解到当时受访者的常

见评价,把它们具体列出来,运用【顾客证言】进一步赢得读者的信任。

斑马团队这才定了配方,开始低调发售测试,下面是部分顾客的评论反馈。

产品发售的第三周,斑马收到了第一个德国人下的订单。这位顾客来头不小——**德国施泰根博阁酒店的总经理弗兰先生**。作为五星级酒店的总管家,他尝遍了全球好酒,属于骨灰级玩家。他的评价是:"纯正的德国味,还有一种神秘的东方香甜。我很喜欢!"

③ 赢得读者信任

在顾客证言中，专业人士的证言总是格外受人关注，比如，权威牙医说某一款牙刷好用，我们就会格外想买；警察局局长说某一款防盗门很难撬，我们也会格外相信。

而我在和斑马团队沟通时发现，斑马啤酒恰好有这样一位专业顾客，作为德国五星级酒店的总经理，他要筛选、采购全球各地的美酒，他的品酒能力无须怀疑。我立刻请斑马的小伙伴联系到他，采访了他品酒的感受，并写进文案里，**这不仅是很好的【顾客证言】，也是一种【权威转嫁】，让读者进一步相信斑马啤酒好喝。**

现在下单有福利
买酒省钱啦

大家评价不错的斑马精酿，一瓶要多少钱呢？

先看它的团队和工艺：**由酿酒大师陈宏酿制，德国杜门斯啤酒学院**院长曾特格拉夫1989届得意弟子，30年经验亲自酿制；全线采用**价值3.2亿元的德国克朗斯酿酒设备，48项指标严格检测；除了水之外，原料全部是进口的：**从澳大利亚进口淡艾尔大麦和小麦，从德国进口特种焦香小麦，从比利时进口经典酵母，从德国许尔酒花研究院引进啤酒花。

③ 赢得读者信任

前一版文案大篇幅地描述了原材料、酿酒师、工艺，而我在访谈消费者时发现，大家对这些内容并不感兴趣，如果太早写这些，读者会觉得很无聊，关掉页面走人。所以，我将它们精简后放在结尾，用来突出产品价值。你也许会好奇，为什么在文章快要结束的时候，才来突出产品价值呢？

斑马精酿团队介绍，达到这种工艺标准的纯小麦精酿，**一瓶的价格普遍在 16 元以上**。"其实也不贵啦，就是一杯咖啡 1/2 的价格。**发售阶段我们会给一个特价，一瓶只要 12 元。**"

④ 引导马上下单

因为我要开始谈钱啦！当读者感受到产品的高价值后，我再报出一个不高的价格，他就会觉得"挺便宜的！"

注意到了吗？我在这里设了一个【价格锚点】。进口德式小麦啤酒品牌很多，价格也不一样，有的一瓶 16 元，有的 18 元，有的 20 元……我不希望列很多，那样会把读者搞晕掉，就简单概括为"普遍在 16 元以上"，这时再看斑马一瓶 12 元，是不是觉得很便宜？

范文解析

【12 瓶装】

原价 156 元,粉丝专享价 132 元,适合你和三五好友共享。买这款送一个小麦啤酒杯,设计得很专业:"腰"很细,手握着比较舒服,口很大,喝起来更爽,当冰镇的酒液大口径地涌入你的口腔,你会突然明白什么叫"味蕾都高潮了"。

【6 瓶装】

原价 72 元,粉丝专享价 69 元,适合买来一个人小酌。没喝过德式小麦的朋友,可以买这款试一试,反正也不贵。

平时掏出 72 元,连半瓶好一点的红酒都买不到,但是今天,你可以买到高品质的纯小麦精酿,6 瓶!如果不喜欢,也没啥损失,但是如果觉得好喝,就为自己打开了一个全新的味觉世界!

④引导马上下单

我又一次用了【价格锚点】。有的营销人说"这招已经被用滥了",但是你看,当你用得合情合理时,它的说服力还是非常强的!

德式小麦是全球畅销500多年的经典,喝啤酒没喝过它,就像喝了一辈子芬达,却没喝过可口可乐一样。你至少应该尝一次,不是吗?

④引导马上下单

前文我就在暗示,畅销500多年的啤酒如果你没喝过,那会是多么遗憾,但我总觉得这样讲冲击力不够,因为大家对"畅销500多年的啤酒"并不熟悉。在一个深夜,我灵光一闪,把它类比为另一个经典饮品——可口可乐,"没喝过"这件事立刻变得荒唐、不合理了!

另外,我最后一句的措辞也很有技巧。我并没有让读者相信斑马、选择斑马,这样会激起一些读者的质疑:凭什么?!

我退后一步,向读者提出了一个很小的要求——尝试一次,一次就好,这对于读者来说太容易做到了!而且我们之前分析过,很多人本身就有"好奇尝鲜"的习惯,自然会

范文解析

爽快地答应。

和精酿"大众情人"谈个恋爱,来不来?**猛戳下方图片,下单咯!**

(只有点这里进去才能优惠哦)

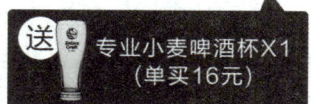

销售数据

这篇软文首发于小马宋老师的公众号,他的读者是一群营销人,营销人读文案和普通消费者不一样,会忍不住代

入自己的职业角色，开始分析营销手法、文案技巧，不好好购物。所以我对这次投放丝毫不抱希望，没想到数据出来了，卖得还不错！

  截至今天，这篇文章已经投放在 12 个微信大号上，平均订单转化率比之前的版本高 76.86%，也就是说，同样一批读者进来，这篇文案的订单转化能力是前一版的差不多两倍。

  如今，斑马精酿的知名度也越来越高，强亚东告诉我，他们收到了不少企业家和演艺明星的订单。而斑马精酿也改变了我的生活，在写这篇文章时，我的右手边就有一瓶斑马。我每晚雷打不动地要喝一瓶，我都怀疑自己成酒鬼了。

  而我喝酒的理由很特别，除了好喝之外，还为了安眠。因为精酿啤酒度数高，一瓶顶两瓶，晚上 10 点喝，11 点就很困了，必须上床睡觉，帮我改掉了多年熬夜的坏毛病。如今我早睡早起，每天 6 点半就爬起来了，清晨时分精力充沛、无人打扰，我把它用来写作，感觉很棒！我完全没想到，一瓶啤酒竟然能改变我的作息。

  嘿，你要不要"尝试一次"？

范文解析

5.3 洗碗机冠军单品

推广背景

聊个天：你们家谁洗碗呀？

如果你的答案是洗碗机，那你真是先锋人物！据业内人士估计，2017 年中国洗碗机的渗透率不到 2%，只有少数人在用。

但洗碗机市场正在爆发。据家电调研机构中怡康发布的测算数据，**2016 年中国洗碗机市场零售额达 19.8 亿元，同比增长 104.8%，真是一个火爆的市场**！越来越多人开始考察、选购洗碗机。

在这样的背景下，2017 年，美的推出了一款普及型洗碗机，试图抢占更多市场份额。相比于竞品动辄 5000 元、10000 元的价格，这款产品只卖 2700 元左右，并且不需要安装，像电饭煲一样插了电就能用。

在产品上市之前，他们需要打造一个吸引人的产品详情页，让顾客觉得：这款产品真好用，我现在就要买！

产品卖点

 不用钻孔,不用拆橱柜,放桌上插了电就能用。

 普通洗碗机洗一次要一个半小时以上,这款产品最快29分钟搞定。

 洗碗机不能洗菜叶,水流会把菜叶击穿,但是可以洗比较坚硬的海鲜、水果。

四步骤分析

① 标题吸引眼球

产品详情页的标题不追求语出惊人,要根据关键词热度等因素决定,在此不赘述。

写微信大号推广文案时,他们想出了一个令人惊叹的好标题。先卖个关子,我稍后再和你分享。

② 激发购买欲望

一个人搜空调时,他是铁定要买的,只是考虑去哪儿买;而很多人搜洗碗机时,其实并没有下定决心,想先看看价格、功能再定。所以详情页的第一个挑战是说服顾客,让他感受到:我确实需要一台洗碗机!

五 范文解析

当读者确认自己要买洗碗机后,就开始考察:美的这一款怎么样?我们来看看美的手上的几张"牌"。

免安装:买来就能用,简单方便,这是很打动人的一个卖点。

超快洗:对于消费者来说,每餐饭之间间隔很久,比如早餐7点半到中午12点半,隔了5个小时;再到晚餐18点半,隔了6个小时。隔了这么久时间,普通洗碗机洗一个半小时也无妨,29分钟超快洗意义何在?这个功能似乎有些鸡肋。

洗水果:这是很多5000元以上竞品才具备的功能,也是顾客经常要用的功能。但是也有不少人表示,平常洗两三个苹果或梨,自己手洗也很快,没必要用洗碗机呀!这个功能似乎也挺鸡肋的。

如此分析,这款产品的功能似乎并不突出,那我们该如何激发顾客的购买欲望呢?

③ 赢得读者信任

现在家电制造技术很成熟了,用很久也不容易坏,顾客对产品质量不会太担心,阻止他购买的是一些细节顾虑。

首先是容量。全家吃一顿饭的碗碟,能不能一次性塞进去?如果不能,部分碗还要自己手洗,会很麻烦。

其次是消毒能力。消费者买洗碗机时,普遍希望它也

能消毒碗筷，这就省了买消毒柜的钱。消毒柜普遍能加热到100摄氏度以上，消费者也普遍认为100摄氏度才能把细菌杀干净，而这款产品只能加热到72摄氏度。研发人员知道，这个温度足以杀死绝大多数细菌，但是很多消费者不相信，怎么办？

④引导马上下单

美的会在节庆时做促销，限时限量地送礼品，手段比较常规，在此不赘述。

范文解析

五、范文解析

② 激发购买欲望

　　读者都是缺乏耐心的，为了防止他跳出，详情页一开始就要把王牌卖点亮出来。这款产品能讲的卖点有很多，产品团队经过多次调研和试销，发现消费者最关心的前三名是免安装、超快洗和洗水果，所以把它们放在上页图的 3 个圆圈里突出。只有一开始就戳中消费者痛点，他才会跟着你的文案往下读。

五、范文解析

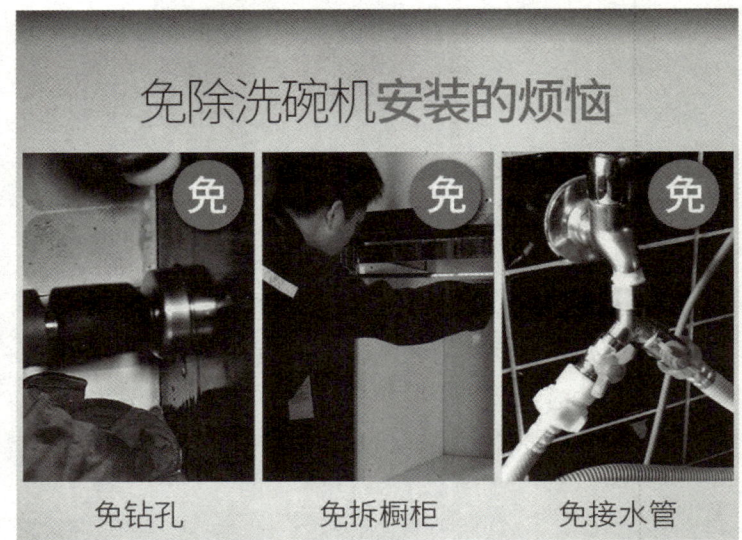

② 激发购买欲望

"免安装"是一个典型的省事型卖点,用上恐惧诉求再合适不过。光说洗碗机安装麻烦,读者不会有感觉,作者直接指出安装要钻孔、拆橱柜、接水管,并配上图片,让读者看到这些繁琐的操作和场景,产生逃避情绪,从而更想买免安装洗碗机。

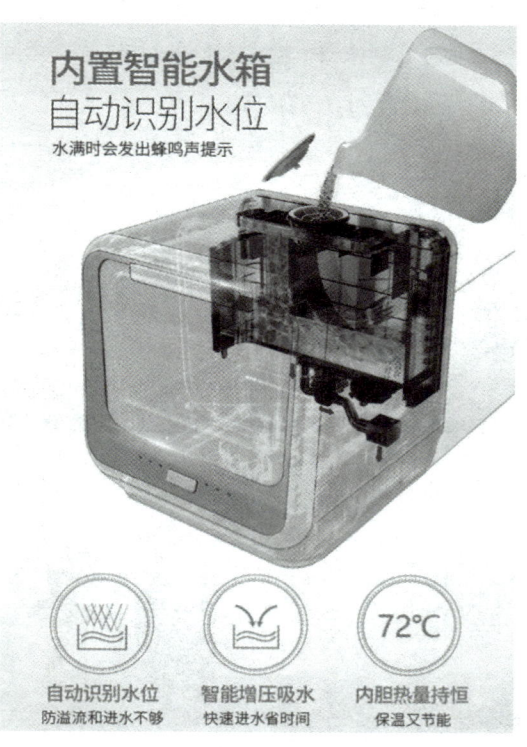

一般的洗碗机,通过接水管进水,操作简单。详情页说这款产品无须接进水管,那读者就疑惑了:水从哪儿加进去呢?这里马上给出答案:需要读者盛一壶水,倒进洗碗机里。这就给读者增加了一些工作量。

那读者又担心了:我怎么知道应该加多少水呢?倒水要多久时间呢?会不会很麻烦?**详情页马上用一张图给出解答,【化解疑虑】,让读者安心往下看。**

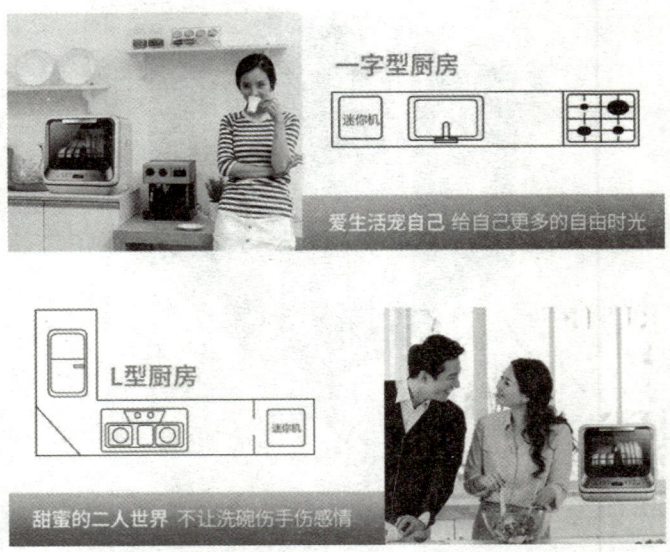

五 范文解析

② 激发购买欲望

这款产品自立项之初,就确定了明确的目标消费人群:2至3口之家的年轻夫妇,工作本身就忙,回家还要带孩子,心里肯定是不愿意洗碗的。按理说买个洗碗机理所应当,但他们却听到了反对声。

洗碗机还是新鲜事物,很多人不了解,也反对用。年轻夫妇的父母长辈,甚至朋友同事会说:"碗都不想洗,你也太懒了吧!"或是"几个碗洗一下很快的啊,干吗要浪费那个钱?"他们会被影响到,心里很犹豫。

很多人感觉买洗碗机太奢侈了,心里有负罪感。**本书给过一招可以化解它,你还记得是哪一招吗?没错,就是【正当消费】!**这段文案就是一次精彩示范,它告诉读者:洗碗不光是为了省事,更是让你们夫妻不为"今晚谁洗碗"而吵架,也让你有更多时间陪孩子,这对年轻妻子来说太重要了!夫妻感情、亲子教育就是她最关心的议题呀!为了这个家也应该买!顾客购买的决心更大了。

这里给我们一个启发:**【正当消费】通常用于引导马上下单,但它同样可以用于激发购买欲望。**

范文解析

比传统洗碗机省一半时间

 PK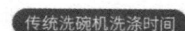

② 激发购买欲望

聊到省时间这个卖点,【认知对比】显然是最直观的,29 分钟和 1 小时 30 分钟摆那儿一比,就感觉差距很大。

但我们刚才也分析过,省时间对消费者的意义并不大。在调研过程中,产品团队发现:消费者普遍认为洗碗时间和耗电量成正比,美的只需 1/3 时间,给人感觉电量也很省。而实际上这款产品确实更省电,但省电的幅度没那么大,所以这里并没有标注具体的耗电量,只是放一句"更快更省电",引导读者往这方面联想。

五 范文解析

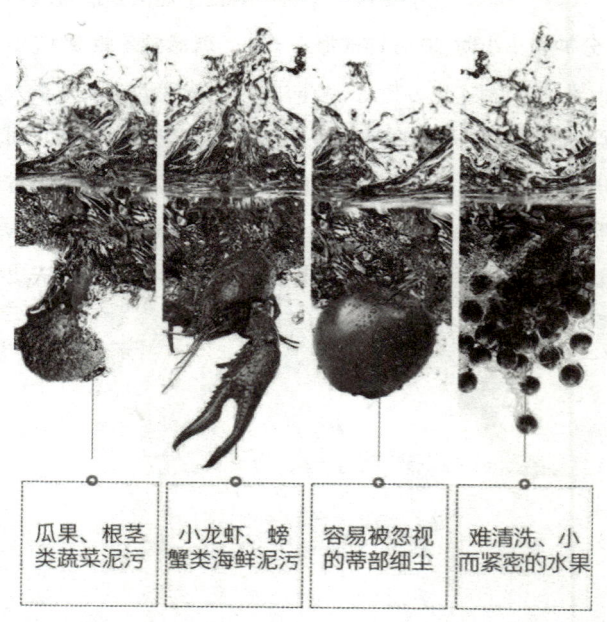

果蔬鲜享
缝隙泥污 一次洗净

- 瓜果、根茎类蔬菜泥污
- 小龙虾、螃蟹类海鲜泥污
- 容易被忽视的蒂部细尘
- 难清洗、小而紧密的水果

② 激发购买欲望

洗苹果、梨很简单是吧？作者找出几种洗起来很麻烦的食物，比如葡萄，个头小数量很多，洗起来很费劲；比如螃蟹、小龙虾，很多细缝处的污泥很难搓掉，想想就觉得麻

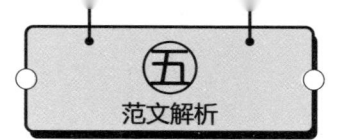

烦，这些还都是经常要洗的东西，无法回避！**作者运用【恐惧诉求】，让读者发现“洗水果”功能太有用了！**

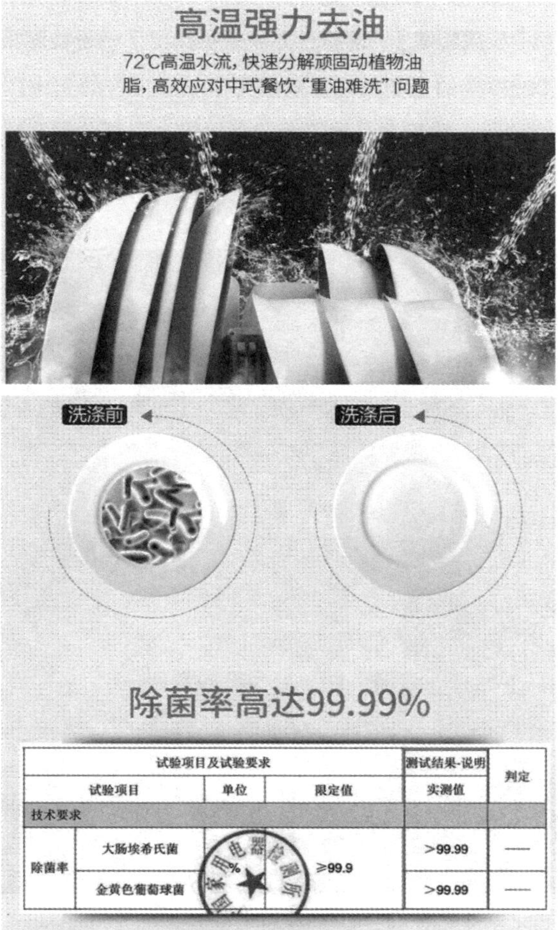

试验项目及试验要求				测试结果-说明	判定
试验项目		单位	限定值	实测值	
技术要求					
除菌率	大肠埃希氏菌	%	≥99.9	>99.99	——
	金黄色葡萄球菌			>99.99	——

③ 赢得读者信任

72 摄氏度消毒能干净吗？消费者的心悬在半空中。**作者运用【权威转嫁】，请第三方权威机构出了一份检测报告，证明 99.99% 的主要细菌都被杀完了。**出报告的是中国家用电器检测所，看起来是国家级的大机构，大部分顾客感觉可以信得过，家里有宝宝的家长也会放心购买。

范文解析

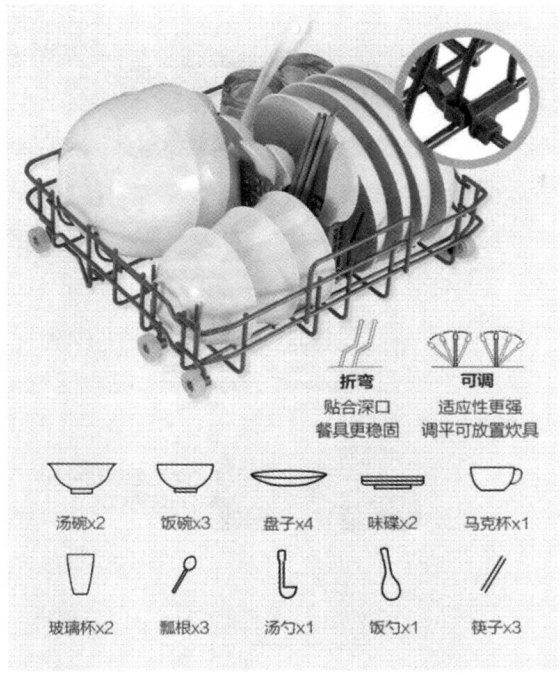

　　这里，作者试图化解顾客的一个顾虑：洗碗机能不能装下一餐的所有餐具？这款产品实际能装4套餐具，为了让容量看上去更大，这里换算成22件餐具，把筷子都算进去了。但这并不能完全打消消费者的顾虑，有4人或5人聚餐的家庭不敢贸然下单。

五 范文解析

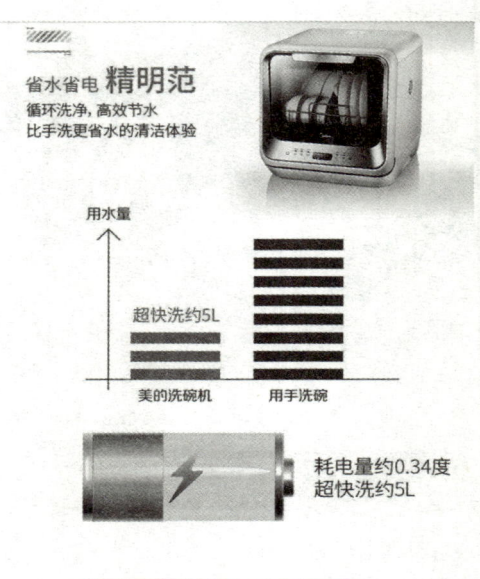

③ 赢得读者信任

即使这款洗碗机洗一次碗只要 29 分钟，消费者还是会担心它耗水耗电，导致自己收到一份吓人的账单。作者运用【事实证明】，列出具体的耗电量、耗水量，打消消费者顾虑。

进一步思考，消费者省水省电的主要目的是省钱，运用【算账】把费用算出来，是否更打动人？正如一位网友在论坛发帖所说的："一个月洗碗的水电费不会超出 30 元，相当于每天花几毛钱雇个人给你洗碗，洗得比手洗干净，何乐而不为？"这句话立刻激起其他网友的兴趣，纷纷问他购买的品牌、型号。

范文解析

备注：页面中某些细节卖点、产品参数等内容有所删减。

销售数据

这个页面没有语出惊人的文案，但它对年轻夫妻的痛点抓得很准，每个话题都是消费者想了解的，用【正当消费】、【认知对比】、【恐惧诉求】激发购买欲望，用【权威转嫁】、【事实证明】、【化解顾虑】赢得顾客信任。这款产品上市不久，首批存货就销售一空，目前是天猫所有洗碗机型号里销量最高的一款。

其实，美的洗碗机有一段文案很震撼，但它没有出现在这个页面中。美的洗碗机与共振无界营销机构合作，机构创始人任玲玲（前奥美广告人）挖出一个品牌洞察：

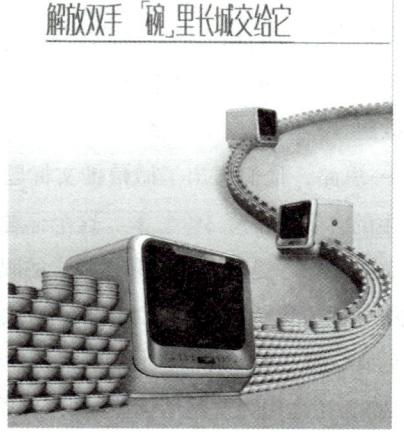

范文解析

洗碗不是一件小事
如果每天洗碗 10 件
四十年接近 146000 件
简直就是"碗"里长城
如果每天洗碗 30 分钟
四十年接近 7300 小时
人生将近两年半在做洗碗工
从此
把"碗"里长城交给美的洗碗机
把时间还给美好的生活

这让人很震撼！很多女性天天洗碗，看到这段话吓了一跳，**没想到洗碗这件事给自己判了个有期徒刑，刑期两年半**。自己经常感叹时间不够用，下班回家做饭洗碗，陪陪孩子，就到了深夜，没多少自由时间，"把时间还给美好的生活"正是她们的渴望啊！**这段话运用【恐惧诉求】，充分激发出顾客的购买欲望。**

沿着这一思路，他们想出了微信推文标题《缺一台洗碗机，你人生的含金量下降3%？》，这个标题采用【好友对话】句式，向"你"提问，很容易抓住人的眼球，也让人好奇，洗碗机和我人生3%有什么关系？点进去后，发现作者并不是标题党，把"2.5年洗碗时间"除以"80年寿命"，发现约等于3%，生命因为洗碗消耗掉3%，你愿意吗？

范文解析

好产品加上精彩文案,帮助美的洗碗机高歌猛进,2016 年年销售额比 2015 年增长 200% 以上,成为集团内耀眼的明星新品类。

5.4 一篇电动牙刷推文 =113 万营业额

推广背景

是的,一篇推文赚到 113 万营业额,书没有印错。

作者是我的好朋友,他要求隐藏自己的姓名和产品,下面我只能称他为"神秘人"。

几年前,神秘人和朋友一起辞职,创立了一个毛巾(虚构的,实际是卖别的)品牌。产品推出后,口碑挺不错,发展一年多,微信公众号已拥有 12 万粉丝。在公众号上,神秘人将"搭售"作为固定的特色版块,他定期精选一个异业品牌合作,双方各出一份产品组合成搭售礼包,以很低的折扣发售。

2016 年 12 月,神秘人决定与另一个新兴品牌 U1 电动牙刷合作,卖"电动牙刷 + 毛巾"的套装,发售推文于 12 月 27 日在毛巾公众号发布。

产品卖点

公众号读者很熟悉毛巾产品。套装销售的关键，是让他们接受电动牙刷，当时搭售的 U1 电动牙刷卖点有这些：

- 38000 次/分钟声波洁齿，清洁更干净；
- 美国杜邦刷毛，刷丝 100% 磨圆处理；
- USB 高速充电，半年超长待机；
- 三档模式，随心变换；
- 优雅壁挂放置，防发霉，省空间。

 四步骤分析

① 标题吸引眼球

如果想实现短期利益最大化，应该起一个惊人或充满悬念的标题，并强调限时优惠，刺激顾客马上点进来。但神秘人不打算这么干，他认为这样写商业味太浓，惹人讨厌。他将公众号看作产品与顾客共同的家，坚持用好友聊天的口吻写标题，长期下来，品牌和顾客的关系越来越近，公众号的打开率和活跃度领先同行很多。他用同样的风格撰写了这个标题。

② 激发购买欲望

当理性卖点遇上女性社群时，可能会集体失灵。

一般的电动牙刷声波洁齿的频率是 31000 次/分钟，U1 可以做到 38000 次/分钟，这是他们引以为傲的主打功能。然而，除了很少数数码发烧友之外，女性顾客对洁齿频率的数据完全没概念，聊这个很难勾起她们的购买欲。

"美国杜邦刷毛"也面临同样的问题，这是非常出色的材质，但很多女性不了解，也对它不感兴趣。

精致简洁的造型是女性顾客喜欢的，推文中展示照片即可，不需要写太多文案。

那到底还能写什么呢？如何激发读者强烈的购买欲呢？

③ 赢得读者信任

没有知名投资人，没有明星推荐，没有劲爆的销售数据，当时的 U1 还是一个起步不久的新品牌，怎样让顾客相信它的品质呢？如果不解决这个问题，读者就会质疑：牙刷用一段时间会不会功能失灵？用上几年会不会突然坏掉？"胡思乱想"之后，自然会放弃购买。

④引导马上下单

在神秘人卖过的所有搭售套组里,这套是最贵的。

- 搭售经期饮品,84元一套;
- 搭售洗发水,118元一套;
- 搭售无钢圈内衣,188元一套。

而这次搭售电动牙刷的套装,要卖到399元一套!我的天!

这给读者设了一道挺高的门槛。想想看吧,他们不是打开电商网站,主动搜索"电动牙刷"的意向顾客,他们只是闲暇逛逛公众号,偶然看到这篇文章而已。

对于不了解电动牙刷的女性来说,399元这个价格,可不是随随便便就能掏出来的;对于研究过电动牙刷的女性来说,她们会发现其他国产品牌通常卖180元到280元之间,399元明显贵了啊。

这种情况下,文案该怎么写,顾客才愿意下单,而且是"马上"下单呢?

你可以看到,这是一篇相当不好写的文案,但最终,神秘人——攻克了四大难关,交出一份令人信服的作品,成功俘获了顾客的芳心,他是怎么写的呢?

范文解析

> 闪购 | 我为什么要在最后一期推荐这款电动牙刷给你?

每次推搭售活动,神秘人都会在标题开头写上"闪购",这次也不例外。由于之前几次折扣力度都很大,所以很多公众号读者看到这个词就点进来了,能占便宜谁不想呢?

这个标题也在暗示读者:进来后,我们聊的话题就是买电动牙刷哦,给读者一个提前的铺垫,并且用疑问句式引发读者好奇心,在一定程度上提高阅读量。

今天这期搭售活动,是今年最后一期,这期搭售和过往几期有些不同:往常我们都是选好合作的品牌,亲身体验,了解清楚其优势并筛选之后推荐给你。但这次,我们是先选定了电动牙刷这个产品,然后买来了各种各样的电动牙刷,仔细测评并亲身体验几周之后,才选出这款推荐给你。

如果神秘人上来就写"今天,我想向你推荐一款好用的电动牙刷",会显得很生硬,推销味很浓,让人产生戒备心理。所以神秘人先和读者聊天,"有些不同"这4个字很有技巧,让人好奇到底不同在哪儿?从而不由自主地往下看。随即,神秘人引出这款产品是"仔细测评并亲身体验几周"选出来的,让人感觉他们做这件事很认真,这样选出来

的产品应该不错。

③ 赢得读者信任

刚才我们分析过，当时 U1 是新品牌，很多读者不认识它，它品质如何？读者心里打个问号。所以从一开始，神秘人就有意识地用毛巾品牌为其背书，将读者对自己的信任转嫁给 U1。

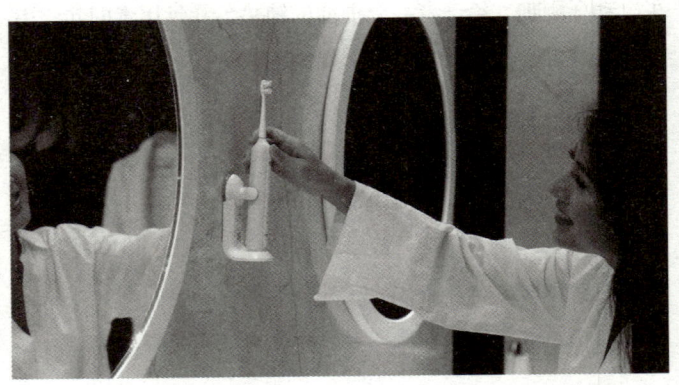

我们一直认为：从我们这里推荐出去的东西，未必要贵，未必要大牌，但一定是能够实实在在提升你幸福感的物件。正是因为包括我在内的好多人都觉得，这款 U1 电动牙刷，就是那个能在你起床和睡前都觉得美好的东西。

这段的主要功能是过渡，从开场白过渡到产品介绍文

案,让读者期待:为什么这款电动牙刷能让我感觉美好?从而继续往下看。

U1 品牌创始人 Gino

U1 品牌创始人是 Gino 同学,他是个年轻又阳光的广东大男孩。别看他年龄不大,已经在宝洁公司工作了多年,且一直从事着口腔护理领域的工作。

③ 赢得读者信任

Gino 并不是一位很有名的创业者,这里为什么要特别介绍他呢?**奥秘在于,当你展示创始人的名字和照片时,读者潜意识里就会更信任他**。试想下,如果是个骗子做了款烂产品,想卖高价赚一把就跑,他会公开自己的身份吗?恐怕只会躲在幕后,准备随时跑路吧!

创始人 Gino 阳光亮相,手里拿着产品和奖杯,让人感

觉落落大方，对自己产品很有信心。读者看到后，对产品更有信赖感了。

我问过 Gino，为什么要创业做电动牙刷，他告诉我：

"多年在口腔护理的领域混迹，对电动牙刷可以说是了如指掌。在重视口腔健康的欧美国家，电动牙刷的覆盖面已经达到 50% 以上了，而国内还不足 3%，即便是在一线城市，也不足 10%。我希望这个行业因为有我的加入，能被更快推动，能有更多人享受上更健康也更舒适的刷牙体验。"

② 激发购买欲望

当时，用电动牙刷的人还很少，当读者看到欧美一些国家覆盖面达到 50% 时，不免有些惊讶，**文案用【畅销】激发人的购买欲**，让人好奇：欧美人这么爱用，到底是为什么呢？到底好用在哪儿呢？从而往下看找答案。

五 范文解析

前些天收到 Gino 同学的捷报，说拿到了台湾的"金点设计奖年度最佳奖"。起初我以为就是个不起眼的小奖，打听后才知道，金点奖是台湾历史最悠久、最权威且最富知名度的专业设计奖项。聊起这件事时，Gino 还挺开心：

"虽然得奖和创业成功并不存在必然的联系，但这个奖意味着我们为产品投入的心血被专业人士认可了，我们的努力没有白费。"

③ 赢得读者信任

一个自媒体大号（下面简称"那个大号"）撰写了另一篇推文，同样推这款电动牙刷，它是这样介绍这个奖的，"没错，它刚刚拿到台湾金点设计奖，作为全球华人市场最顶尖设计奖项，它只颁给已经实现量产的高水平设计产品。"

这话打动人吗？没有。反而让读者质疑：你是卖家，你当然说奖很牛啊，我怎么知道是真是假？

尽管金点奖在业内如雷贯耳，但是对于外行的读者来说，它是很陌生的呢！神秘人洞察到这一点，写下"起初我以为就是个不起眼的小奖"，其实这话是帮读者说的，**随后，马上用 Gino 的话澄清，有力地证实了这个奖的含金量，运用【权威转嫁】为产品背书。**

对于 Gino 拿奖这件事，我并不意外，因为即便你对

五 范文解析

U1 和 Gino 同学一无所知，在拿到牙刷的那一刻，也一样能感受到他们在产品上的所有倾注。

这段话再次强调毛巾品牌对 Gino 及产品的认可，让读者更信赖他们。此时，文案已经花了不少篇幅去"赢得读者信任"，但是，在"激发购买欲望"这一步用力甚少。显然，神秘人很清楚这一点，接下来，他将用一种与众不同的方式来卖牙刷。

U1 的产品设计颜值上绝对值得打高分，简约大方，时尚且淡雅。其背后的设计团队也是大有来头，是一帮屡屡斩获德国"红点奖"、德国"iF 奖"、美国"IDEA 奖"的 indare 设计团队。

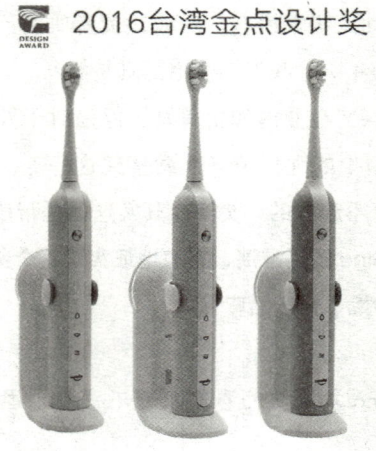

2016 台湾金点设计奖

五 范文解析

除了颜值,各种用心的细节也是让人眼前一亮:

当你的手在触碰到 U1 牙刷的瞬间,柔和的指示灯会自动点亮,这是清早一声体贴的问候。

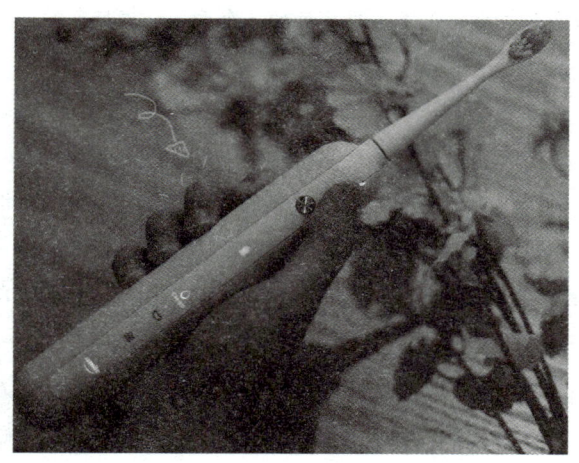

② 激发购买欲望

那个大号写的是"配置先进的手握启动功能",没了。读者并没有感受到这功能有什么好。而神秘人以"你"的角度写,一句"你的手……"马上引导读者想象自己伸手握住牙刷的场景:清晨醒来,睡眼惺忪,手握牙刷灯亮起,其实会感觉挺萌的,所以神秘人把它描述为"一声体贴的问候",**把牙刷拟人化,让读者感受到这种互动的好心情,一次【感官占领】的优秀示范。**

五、范文解析

刷牙过程中，U1 每 30 秒钟振动两次，到两分钟的时候振动三次，这是为了提醒你，两分钟是合理的刷牙时间。我在刚开始用的时候，试了好几天，以什么样的速度，能够刚好两分钟刷完上下两排牙齿的三个面，还挺好玩的。

② 激发购买欲望

那个大号这样描述这一功能，"定时提醒刷牙时间"，没了。神秘人更进一步，写出了这个功能对读者的好处——提醒合理的刷牙时间。"挺好玩的"，让读者更期待自己上手体验的感觉。

同样卖电动牙刷，为什么神秘人的文案写得比别人精彩？一个重要原因是：一般营销人拿着厂商资料就开始写了，**而神秘人真掏钱买了一套，亲身体验了两周，细心记录下自己的使用感受，有感而发的文案自然更具感染力。**

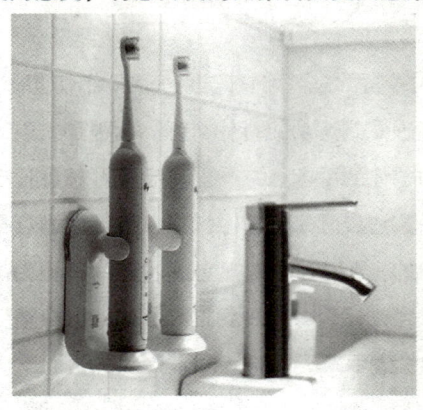

圆弧形的底部设计和高品质的吸盘挂架搭配起来相得益彰，既美观又节省空间，更不会因为长期沾染水渍导致藏污纳垢。

② 激发购买欲望

我们都有这样的经验：牙刷在潮湿环境放久了，底部会生出黑黑的污垢，看上去就很不舒服。这里，神秘人稍微用了下【恐惧诉求】，让人回忆起这种画面，从而更想要洁净的刷牙工具——这款产品。

我最喜欢的一处细节设计：常见的电动牙刷充电都是通过充电底座，所以如果要出远门或者过年回家的时候，还要把充电底座随身带着，不仅不方便，还容易弄丢，丢了基本上就只能重新买。但是U1的充电设计用的是USB的接口。也就是说，有一根Android的数据线，走哪儿都不用担心充电问题，适合各种像我一样丢三落四的人，哈哈。

② 激发购买欲望

那个大号写的是："见过底座带大插头充电的，没见过能用手机充电器充电的。这是要逆天？"又一次用力过猛的表达。对多数读者来说，他们对电动牙刷充电器长啥样完

五 范文解析

全没概念,又怎么会感觉"逆天"呢?

如果读者在家刷牙,充电器大一点也无所谓。神秘人指出另一个熟悉的【使用场景】——出远门。很多人都有这样的感受:整理行李箱时,最怕塞太多东西,出行时,也怕匆忙间弄丢东西。神秘人指出,如果用其他品牌,弄丢充电器是很难买到配件的,要重新买一套牙刷,那该多费钱啊!相比之下,用 Android 充电线 10 元一条,轻松便携,显得惹人喜爱!

说到充电,值得一提的是 U1 牙刷的电池容量:充电三小时,刷牙六个月。其他电动牙刷一次充电的可用时长一般是 7~21 天。(能不能用到 6 个月我还不知道,反正我用了快两个月,还是满电。)

③ 赢得读者信任

神秘人运用【认知对比】,突出产品电量充足的优势。请注意括号里的这句话,很见功力。乍一看让人疑惑:为什么要这样写?这不是质疑厂商 6 个月的用电承诺吗?即使作者心有怀疑,也没必要写出来被读者知道呀!

实际上,当读者看到这句话时,心里会这样想:嗯,看来作者还是蛮客观的!没有为了钱帮厂商乱吹!这本来就是事实,而神秘人的智慧在于,他有意识地让读者领悟到这个

范文解析

事实,从而更信任作者。这种信任在后文将发挥巨大的作用,我们继续往下看。

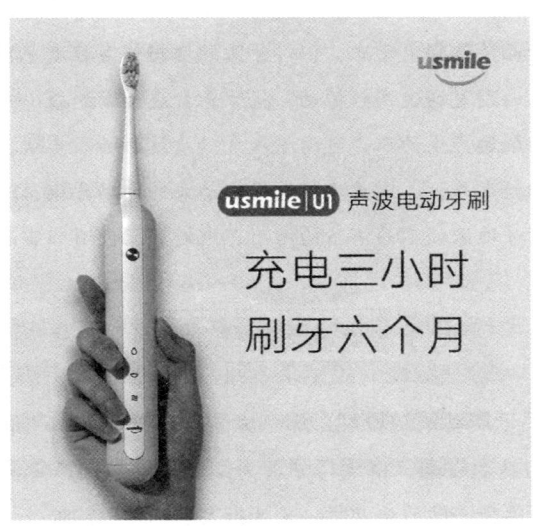

当然了,对于一款电动牙刷来说,细节再好都是次要的,能不能保护和清洁好牙齿才是关键。

这句话看似平淡,却经过了深思熟虑。实际上,神秘人已经把牙刷的重要卖点基本都讲完了,也撩起了读者的购买欲望,他说出这句话暗示"好戏在后头",就让读者更加期待:嘿!还有什么更强的功能吗?从而认真往下看。

五 范文解析

无论你是否选择购买 U1 声波电动牙刷，我都希望给你一点小小的建议和科普知识：电动牙刷一般分为两种，一种是旋转式的，另一种是震动式的。理论上说，旋转式的对牙面清洁得更干净，但对牙面的磨损伤害程度也较大；震动式的则是通过高频振动，将牙膏打成大量的微小气泡，气泡爆裂时产生的压力可以深入牙缝清洁污垢。（从我个人体验的角度来说，我更建议选择振动式的电动牙刷，既能够清理到牙缝深处不易清洁的污垢，也对牙面没有伤害。）

② 激发购买欲望

关于震动清洁原理，那个大号是这样写的："通过高频率的刷毛震动，将牙膏分解为细微泡沫从而产生流动洁力，可更全面地清洁到每一个牙齿表面和牙缝深处，效果自然棒！"说得很专业枯燥，读不下去，"效果棒"再次让人感觉吹得太猛，很假。

再看神秘人写的这段话，把专业原理转化为大白话，读者看起来更轻松。**他并没有推销你什么，只是介绍市面上常见的两种产品以及优劣，让你选，这就让读者感觉很自在。**而读者的选择已经很明显了，谁会想要伤害自己牙面的产品呢？

我问过 Gino，说如果拿 U1 牙刷和类似飞利浦、oral-B

范文解析

这样的品牌相比,结果如何? Gino 说,U1 牙刷至少可以和大牌 800 元以上的高端产品正面 PK,这一点我也从公司一位用 oral-B 牙刷的妹纸口中得到了证实。

啊,终于来到要谈钱的时候了!神秘人使用了一个撒手锏——设置【价格锚点】。当产品拥有 800 元级别品质时,399 元还贵吗?请注意,这个论断从 Gino 口中说出时,读者还是会怀疑的:你是老板,你当然要夸产品好啊!神秘人很敏感地意识到这一点,补了句话,表示用大品牌牙刷的同事证实了这一点,就显得比较可信了。

这篇文章的论述始终中立客观,就在前文,神秘人还对厂商说的"充电一次用 6 个月"稍有怀疑,**结果是读者一路看下来,对作者有比较强的信任感,看到这个关键点时,也会比较信作者的结论"产品能 PK800 元大牌",这对最终的成交简直太重要了!**

从数据上看,常规电动牙刷每分钟的振幅在 31000 次左右,而 U1 牙刷可以达到 38000 次,这意味着 U1 能够更深层次地清理口腔。

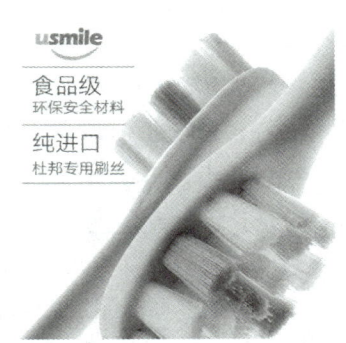

在刷头的选择上，U1 采用的是美国杜邦刷毛且 100% 刷丝磨圆处理，虽然我并不了解杜邦刷丝意味着什么，但是查了一下，基本上就是很高级的意思。

以上是厂商认为的王牌卖点，而神秘人认为女性读者不会非常关心，轻描淡写而过。

接下来，神秘人要攻克一个难题：很多读者买电动牙刷，就是为了防治牙病，比如预防蛀牙，治疗牙龈出血。电动牙刷有这种功效没错，但没办法对疗效打包票，我们都知道：牙病有时候很复杂，即使是牙医，也不能保证 100% 给你治好啊！

这就难办了，我们该如何告诉读者产品能预防牙病，又避免过度承诺呢？

同事内测使用体验

1. 用了几周，觉得牙齿好像变白了一点点，不知道是不是心理作用。

2. 别的不敢说，牙龈出血的情况已经很久没出现了。

3. 我用的是 3 档中最强劲的那档，我觉得这样会刷的比较干净吧。（不许说我活的糙！）

4. 别问我了，我给老公和爸妈都买了。

② 激发购买欲望

　　神秘人把同事内测结果作为【顾客证言】，直接表达出美白牙齿、防治牙龈出血的功效，大批女性读者有此需求，看到后购买的欲望更强了！同时，神秘人又避免了承诺疗效和过度宣传。

　　反观同行的文案，常用牙周炎、牙菌斑等专业术语来论述这一卖点，让读者看得很吃力，云里雾里。

　　同时，请你注意第4点，这里作者有意埋了个伏笔，这个伏笔到底有何用意？请继续往下看。

　　U1牙刷零售价是399，Gino告诉我：这个价位一般来说只能买到大牌声波电动电刷的入门级产品，但其品质足以和800元级别的高端产品一较高下，所以即便是双11、双12这样的购物狂欢节，U1的价格也仅仅会便宜10元而已。我说这我不管，给毛巾品牌粉丝的价格，必须是史无前例的优惠。

　　最终我们达成这样的协议：

　　　　在毛巾品牌以外的任何平台购买

点击下图或"阅读原文"购买

除了原本价值 399 元的 U1 电动牙刷以外，再加两只价值 76 元的刷头和毛巾品牌套装，还是 399 元！

（本次闪购备货 2000 套，开放售卖 7 天，售罄或 7 天结束均不再售卖。）

PS：U1 套装中原本带有两个刷头，加上赠送的两个，一共是四个。建议每 3 个月更换一次刷头，4 个刷头足够用 1 年，匀下来每天就 1 块钱。

④引导马上下单

在前面提到"媲美 800 元大牌产品"时，读者已经感觉 399 元非常超值了，但当时神秘人并没有号召读者下单，因为他要在这里给出更大惊喜：送了一大堆实用的产品，还是 399 元！这一下子打破了读者的预期，哇！感觉太划算了！**他还帮顾客算了笔账，"匀下来每天就 1 块钱"，这么想这产品还贵吗？**读者再也无法抑制自己的购买冲动了，下单吧！

文案写到这里，已经相当精彩了，但是让人没想到的

五 范文解析

是，神秘人还试图达成另一个营销目标——让读者买两套，甚至 3 套！天啊！这怎么可能？看看他是如何做到的。

最后再给一个小小的建议：快要过年回家了，以前，我每年都是带些补品、年货什么的回家，再塞个红包给爸妈。前段时间，我给爸妈寄了两套牙刷回去，他们说以前都不知道还有电动牙刷，用起来也挺好用，他们很喜欢。所以，如果你还没想好今年过年带什么回去，不妨带两套牙刷给爸妈，他们开心，你也有面子。

2017 年，我和你们一起——武装到牙齿。

② 激发购买欲望

你还记得刚才的伏笔吗？"别问我了，我给老公和爸妈都买了。"神秘人提前在读者心里埋下"送礼"的种子，这里再提到时，读者接受度就更高了。

之前我们聊过，这篇文案于 2016 年 12 月 27 日推出，距 2017 年春节只有 1 个多月，读者们已经在盘算回老家的事。神秘人洞察到这一点，**运用【使用场景】这一文案技巧，让读者想象回家后给父母送礼的场景。**

他写送礼和一般营销人不一样。很多文案走报恩感人路线，说父母有多不容易啦，头发斑白多辛苦啦等，这种论调读者听太多了，不但缺乏共鸣，还有种"你又来道德绑架

我"的厌恶感。

　　神秘人从轻松的角度聊这个事，让读者想象父母惊喜、开心使用电动牙刷的画面，那时，读者心里会充满成就感！这样讲，读者心里就舒服多了。带着愉快的心情，很多读者买下了两套，甚至 3 套。

销售数据

　　我提到的"那个大号"，推广同款牙刷阅读量 10 万 +，具体多少万不得而知，但他们私下透露了最终销量——700 多套，转化率可以确定低于 0.7%。

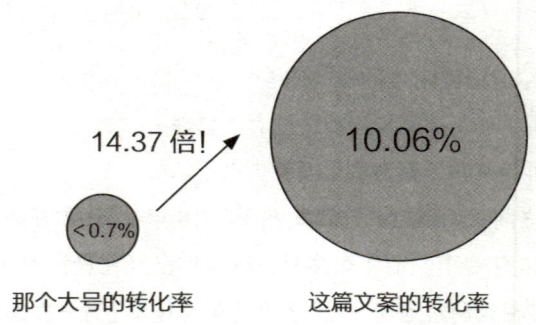

那个大号的转化率　　这篇文案的转化率

　　而毛巾品牌的这篇推文，阅读量达到 28156 时，已经卖掉了 2832 套，转化率高达惊人的 10.06%，也就是说，这篇文案的支付转化率是那个大号的 14.37 倍以上，你看看

五 范文解析

好文案的力量有多么强大！另外，你可以拿计算器算一下，把客单价乘以销量，你会发现这篇推文赚到了将近113万营业额！

在写这篇文案之前，神秘人告诉我："之前推的几个产品，销量一次比一次好，我很想知道我们的极限在哪里，所以挑了个最贵的产品来搭售。如果客单价翻倍，销量下降不多，那就能打破销售额记录。"

他做到了。

后 记

2008 年,我在福州一家叫盛世元年的广告公司实习,写一篇 200 字的文案被领导改了 100 多遍(不是夸张,是真事)。

两个月后,我被叫到办公室。领导没有面对我,和我谈话的是财务,她面带礼貌性的微笑,温柔地问:"来这边工作有一段时间了哈。感觉怎么样?"

我忘了我回答了什么,我只记得她的下一句话。

"你觉得你在这边表现得怎么样?"

尽管当时还是个愚笨的大学毕业生,我沉默了两秒,还是悟出了她的言外之意。

我被解雇了。

我和另一位要好的同事,外号叫阿朴,我们坐在公司外的草坪上,人手一瓶易拉罐装的啤酒,我告诉他我被炒鱿鱼了。我很平静地和他聊着,心里充满了迷茫,我质疑自己是不是干营销的料,我不知道下一步能去哪里。

终于挺过来了。

但我永远忘不了那时的痛苦:毫无头绪和思路,却要面对马上到来的截稿时间;改了一遍又一遍,腰酸背痛屁股麻,却写不出打动人的文案,就像走进一条深不见底的漆黑隧道……一路熬过来，靠高人指点和自己摸索，我终于想通了文案卖货的逻辑，我多希望能坐上时光机，把这一切告诉2008年那个痛苦的自己，少浪费几年苦苦摸索的生命！我没机会了，但我可以和你分享，我可以帮助千千万万迷茫的营销人！这个心愿一直在我心里呼喊，鞭策我尽力写好这本书，今天，它终于摆在你面前，我希望它能对你有新帮助。

我能力有限，这本书有很多不足，如果你在读的过程中有看不懂、感觉奇怪的地方，请你添加我的私人微信270931525告诉我，我会改进，拿出更好的下一版给你。

我还想向你介绍6位营销牛人，在写书过程中，他们给了我很多帮助，他们的智慧同样可以为你所用。

首先感谢陈勇老师。他系统总结了文案卖货的四步骤，我听完恍然大悟，才有了这本书的雏形。他是我所知最强的详情页专家，花点时间、南孚电池等大品牌的营销顾问，聘请他做个项目要几十万费用，而他带来的业绩增长远超这个数字。他让我感叹文案的魔力，也一直鞭策我不要放松。你可以关注他的"陈勇营销专栏"公众号。

感谢我的兄弟张致玮，他是轻生活卫生巾的联合创始人。2015年，这个品牌还在盈亏线上徘徊，他不断改进产品推广文案，终于把轻生活做起来了，双11电商平台的销量甚至超过一些大品牌。在他身上，我学到了写文案时的"克制"，不需要大声为产品叫好，而是平静、自然地分析、聊天，这样更能赢得读者信任。虽然他已经很少亲自写文案了，但他已经培养出一支强大的文案团队，轻生活卫生巾的公众号值得你学习。

感谢我的老哥林忠义，他从广告公司离职，创办了糕先生蛋糕。他是我所知热点营销最强的人。无论情人节、儿童节、国庆节还是明星来电影首映式，他都能想出一个精妙的创意卖产品。他很喜欢分享营销心得，你可以加他个人微信号 ablang82 围观。

感谢强亚东，前"叫个鸭子"联合创始人，一朵棉花创始人，斑马精酿啤酒创始人兼 CEO。哈，亚东真是一个很热情、很棒的人，刚认识，他就毫无保留地和我分享他做品牌的心得。我非常荣幸能参与斑马精酿的推广，见证一个品牌从创建到闪亮的过程。

感谢"美国街头"，易中天团队首席营销顾问，他主笔的多篇微信文章刷爆朋友圈，阅读量达百万量级，他也通过本书分享了很多干货，并为本书的排版提供了指导。

感谢亚丁，本书的产品经理。在我好几次想放弃的时候，他给我鼓励，我终于把书写完了！他总能提出实用、简单的建议，把书改得更流畅。或许你两天就可以把这本书看完，但它却需要我和亚丁半年多的努力。如果你觉得不错，请拍照发个朋友圈，推荐给朋友，书卖得好，我会改进理论方法，选用新的精彩案例，出一本续集给你。

在书签里，你能看到我的私人微信，欢迎你加我好友，告诉我你的读书收获，以及最近发生的好进展，文案的世界神奇广阔，我们一起来探索吧！

关健明

2017 年 8 月 30 日